杭黄高铁 一条美丽印象、绿色生态、璀璨人文、创新科技的黄金旅游路线！

覃志刚题

杭黄高铁创新设计丛书

人文杭黄

RENWEN HANG-HUANG

中铁第四勘察设计院集团有限公司　著

丛书主编　光振雄　许国平

本书主编　盛　晖　郑　洪　罗汉斌

中国铁道出版社有限公司
CHINA RAILWAY PUBLISHING HOUSE CO., LTD.

图书在版编目（CIP）数据

人文杭黄 / 中铁第四勘察设计院集团有限公司著 . —北京：中国铁道出版社有限公司，2021. 12
（杭黄高铁创新设计丛书）
ISBN 978-7-113-28377-3

Ⅰ. ①人… Ⅱ. ①中… Ⅲ. ①高速铁路-铁路工程-文化研究-浙江 ②高速铁路-铁路工程-文化研究-安徽 Ⅳ. ① U238

中国版本图书馆 CIP 数据核字（2021）第 181667 号

书　　名：人文杭黄
作　　者：中铁第四勘察设计院集团有限公司

策划编辑：刘建华　王　淳
责任编辑：赵昱萌　　**编辑部电话：**（010）51873626　　**电子信箱：**crphzym@163.com
封面设计：高博越
责任校对：焦桂荣
责任印制：高春晓

出版发行：中国铁道出版社有限公司（100054，北京市西城区右安门西街 8 号）
网　　址：http：//www.tdpress.com
印　　刷：北京盛通印刷股份有限公司
版　　次：2021 年 12 月第 1 版　2021 年 12 月第 1 次印刷
开　　本：889 mm × 1 194 mm　1/16　**印张：**12.75　**字数：**214 千
书　　号：ISBN 978-7-113-28377-3
定　　价：105.00 元

美丽杭黄
生态高铁
和谐

丛书编委会

本书编委会

主　编： 盛　晖　郑　洪　罗汉斌

副主编： 刘　好　张彦春　张传波　张必武

参　编： 鲁　黎　田　宇　潘国华　胡玉斌　黄　波
杨　令　彭军之　刘　仑　姚华伟　余文彬
方文彬　刘　通　周　洋　朱　昆　黄丽娟
王森荣　常永桦　余　平　王　皓　谷李治
刘宝成　许腾飞　牟文杰　徐　倩　刘紫荃
陈　敏

序

杭州至黄山高速铁路（简称杭黄高铁）位于浙江省和安徽省境内，是国家高速铁路网的重要组成部分。线路东起杭州东站，经浙江萧山、富阳、桐庐、建德、淳安，穿越浙皖交界的天目山脉，进入安徽绩溪、歙县，西至黄山北站，正线全长287.5 km，设计时速250 km。

杭黄高铁的建设，构筑了串联名城（杭州）、名江（富春江）、名湖（千岛湖）、名山（黄山）的“黄金旅游高铁线”，带来了“高铁＋旅游”经济增长新动能，提升了沿线区域经济发展的核心竞争力。杭黄高铁经沪杭、杭甬高铁直通上海、宁波等长三角地区，形成运力强大、便捷高效、节能环保的快速客运网，可大幅提高区域交通运输能力和服务水平，杭州至黄山间旅行时间缩短至1.5 h，比公路运输节省约一半时间，大大缩短了浙西、皖南与长三角地区的时空距离，惠及杭州、黄山及周边地区，对推动长三角一体化的高质量发展、促进沿线旅游资源开发和文化交流、推动区域经济协调发展具有重要意义。

历史久远的徽杭水道，是从徽州古城出发，由深渡古镇而东，沿着新安江、富春江直到“人间天堂”杭州。中铁第四勘察设计院集团有限公司的设计人员，自2009年就开始在徽杭水道周边大面积开展了方案研究工作，到2018年12月25日杭黄高铁全线开通运营，前后历经约十年时间。“十年磨一剑，砺得杭黄线”，设计和建设者为浙西皖南人民奉上了一条最美高铁旅游线，实现了“早上观黄山日出，晚上品西湖龙井”，悄然改变了千百年来杭州与黄山之间的时空格局。

杭黄高铁在设计、建设过程中，以“美丽杭黄、生态高铁”为建设总目标，贯彻“四季常绿、三季有花”的绿化设计理念，高标准建设铁路绿色通道。在探索“畅通融合、绿色温馨、经济艺术、智能便捷”的现代化铁路车站建设新理念过程中，充分融合了地域文化特色。按照“精品杭黄”的建设理念，精心设计、精心施工，在轨道工程、四电工程等方面，努力创新设计，改革施工工艺，解决了各类技术难题。杭黄高铁在铁路行业树立了“绿化、轨道、站房、四电、生产生活房屋、站区配套”六个标杆，并在开通后被国铁集团作为高铁建设的标杆项目，向全行业推广杭黄高铁在设计、建设、运营、竣工决算等全过程的经验。2019 年 9 月，杭黄铁路有限公司获得全国绿化委员会授予的“全国绿化模范单位”荣誉称号。

在中国国家铁路集团有限公司和地方政府路地双方的通力协作下，“最美高铁”——杭黄高铁已建成通车，实现“名山胜水一线牵”，它是一条美丽风景线、区域协作线、富民发展线。在杭黄高铁开通运营以后，中铁第四勘察设计院集团有限公司立即组织技术力量，对杭黄高铁进行全面系统的总结，以此为基础，编写了这套“杭黄高铁创新设计丛书”，包括《印象杭黄》《生态杭黄》《人文杭黄》《科技杭黄》四册，期望通过通俗易懂的语言、图文并茂的形式，全面展示杭黄高铁在美丽印象、绿色生态、璀璨人文、创新科技等方面的设计与建设成果，力求对有志于从事高速铁路工程设计、建设及管理的人员有所帮助。

凌汉东

2021 年 10 月

前言

进入 21 世纪以来，我国高铁发展突飞猛进，取得举世瞩目的成就。按照《中长期铁路网规划》，未来高速铁路网规模将进一步提升，网络覆盖进一步扩大，路网结构更加优化，骨干作用更加显著，更好发挥铁路对经济社会发展的保障作用。

杭黄高铁东起“人间天堂”杭州，西至“人间仙境”黄山，正线全长 287.5 km，设计时速 250 km，2018 年正式开通运营。杭黄高铁是长三角高铁网的重要组成部分，其建成通车，打通浙江西部至安徽南部间山水相隔的天堑，结束浙江西部富阳、桐庐、建德、淳安不通高铁的历史，大大缩短杭州至黄山间的时空距离。在推进长三角与周边区域合作与发展，缩短区域及城乡差距，实现经济优势互补、资源优化配置、经济协调发展以及增强区域整体经济实力和竞争力等方面创造了良好的交通条件，对带动浙西、皖南地区经济发展，促进杭州大都市的形成具有重要意义。

杭黄高铁串起“名城、名江、名湖、名山”，沿线分布杭州西湖风景区、西溪国家湿地公园、淳安千岛湖风景区、绩溪龙川景区、古徽州文化旅游区、皖南古村落西递宏村、黄山风景区等 7 个 5A 级风景区，50 多个 4A 级风景区，十几座国家级森林公园和地质公园，自然风光优美，旅游资源丰富，文化底蕴丰厚，山水与人文交相辉映，美不胜收。如何铸魂凝韵，将这样一条拥有异禀自然天赋、璀璨人文历史“天资”的铁路打造成与自然和谐共生、具有独特人文魅力、彰显人文关怀的高速铁路，对于打造世界级黄金旅游高铁具有重要意义，也是我国高速铁路向高质量发展面临的重要命题。本书试图给出解答。

《人文杭黄》是“杭黄高铁创新设计丛书”之一，介绍了杭黄高铁沿线秀美多姿的自然风景资源、璀璨丰富的历史人文风情；阐述了杭黄高铁设计者在车站选址、站区综合规划、建筑造型设计、站前广场设计、站区生产生活配套房屋设计等方面独运匠心，让杭黄高铁嵌入山水之中，地域文化得到完美演绎；叙述了杭黄高铁设计者贯彻“以人为本”理念，在高铁枢纽交通接驳、功能布局、流线组织、服务设施等方面细心筹谋，使旅客从高效便捷的换乘、集约多样的客站空间布局、清晰便捷的进出站流线中体验“快旅慢游”的舒适畅快；诠释了车站细部设计对于打造精品旅游高铁的“画龙点睛”作用，于细节处凝匠心，于细微处见温暖，让旅客在进站、候车、出站的全过程全方位感受杭黄高铁的人文气息和人文关怀。

杭黄高铁在车站建设过程中贯彻的人本、环保理念以及体现出来的人文精神、工匠精神引领了新时期高速铁路高质量发展的新理念，为打造精品客站工程树立了标杆。希望通过本书，读者能够更好地理解人文铁路的内涵和价值，并透过本书，一瞥我国高速铁路发展的壮美画卷！

在本书编写过程中，中国铁路上海局集团有限公司和沿线车站、段、所在现场调查、资料收集、无人机航飞摄影和实景照片拍摄等方面给予了大力支持和协助；杭黄铁路有限公司原总经理王志平、工程部俞峰、韩浩、孙萌、汪海沧等同志提供了翔实的建设过程影像及管理资料；杭黄高铁各施工单位提供了大量的施工过程影像和文字资料，杭州千岛湖高铁新区发展有限公司提供了大量资料，中国国学学会副主席吴艺红，浙江省摄影协会原主席吴宗其，绩溪县摄影协会主席唐祖怀，建德市摄影协会主席范胜利，摄影师姚育青、罗春晓等提供了大量精美的图片；中铁第四勘察设计院集团有限公司的全国工程勘察设计大师王玉泽，原院总工程师朱丹，原院副总工程师何志工，宣传部陈泾宏、刘新红、欧巍，技术中心梅志山、黄鹰、柯宁，上海分院肖伟，浙江分院孙敬伟等领导和专家给予了悉心指导和帮助，在此一并表示最衷心的感谢！

本书未完全列出所有引用的参考资料，对这些参考资料的提供者表示衷心感谢！

限于编者水平，书中不足之处在所难免，恳请广大读者批评指正。

编者

2021 年 10 月

目录

1 第一章 总论

15 第二章 文脉流淌的百里画廊

63 第三章 形韵交融的空间形态

第一章
总 论

高速铁路的发展与繁荣促进了区域间文化交流，形成经济产业新格局。2018 年 12 月 25 日，杭黄高铁正式开通，从历史名城杭州到世界自然文化遗产黄山，构筑串联名城、名江、名湖、名山等风景名胜区的黄金旅游高铁线，将徽州文化、新安文化联系起来，打造出一条自然风光优美、旅游资源丰富、文化底蕴丰厚、促进浙西及皖南区域经济社会协调发展的快速客运通路。

本章阐述了铁路的人文功能，概述杭黄高铁对浙西、皖南地区交通、旅游和经济发展的促进作用，并从沿线山水人文、车站造型、功能布局和细部设计四个方面阐述杭黄高铁的人文特征。

第一节　铁路与人文

铁路是工业现代化的基础，是人类近代文明的象征，铁路的发展促进了经济社会发展，更促进了人类文化的交流和发展。《现代汉语词典》将“人文”解释为“人类社会的各种文化现象”。人文是一个动态的概念，随着以人为本理念的提出，人文的含义集中体现为：重视人、尊重人、关心人、爱护人。简而言之，人文，即重视人的文化。铁路的人文功能是指铁路在促进经济社会发展、改善民生的同时，在区域文化交流、传承传统文化、不断提升乘客的人性化体验等方面发挥的作用。

一、促进产业升级，构建产业新格局

铁路的发展带动冶金、机械、建筑、橡胶、电力、信息、计算机、精密仪器等相关制造业的转型升级，促进商务服务、旅游、餐饮等第三产业的快速发展，对增强铁路基础保障能力、降低社会物流成本、优化产业结构调整、促进经济产业新格局形成具有重要作用，为改善民生、促进国家经济社会发展、带动人文进步提供了有力支撑。

铁路的发展为相关制造业产业的发展带来巨大的市场，产生极大的投资拉动效应。而伴随这些产业渐次进入由高速铁路建设及运营所带动的投资高峰，相关衍生品的市场需求也将进一步扩大，进而整个高速铁路产业链的专业化水平将得到较大提升。随着市场范围的拓展，产业分工不断细化，规模收益逐渐递增，高速铁路的发展在通过产生巨大市场需求来提升相关制造业专业化水平的同时，也推动了相关制造业的内部结构调整，促进了产业的转型升级。

高速铁路由于大大加快了人、信息等要素的流动，对第三产业发展有显著促进作用。随着高速铁路客运能力的提高，区域间人口流动加速，地方性商业得以开发发展，特别是对咨询业、旅游业、餐饮业等商业投资推动效果明显。对于咨询业，高速铁路通过减少信息成本、加速信息获取收集的实效来提升交流效率。对于旅游业，高速铁路以快速的营运效率，极大缩短了旅行时间，不但可以提高人群的旅游目的性，而且可以为周末旅游的特殊群体创造可能性，从而刺激旅游业的多元化发展和繁荣。对于餐饮业，高速铁路站点带来密集人群和消费人流，站点地段为餐饮市场、零售市场、住宿市场提供了黄金平台，进而吸引其他商业项目诸如金融业、教育业甚至房地产业等相关业务在沿线扎点经营，谋求更大的投资发展。

在促进产业优化升级的同时，高速铁路对于构建产业新格局的作用不容小觑。高速铁路的发展带来了全新的交通格局，改变了人们的时空观念，从而促进了经济新格局的形成。高速铁路加强了途经区域城市之间的有机联系，形成城市化发展的连锁效应，引发城市的重新定位，使城市从单体到群落，最终形成城市群、城市带的发展格局。城市与其相邻的多个城市实现相互交流和区域资源共享，在此过程中，各城市找到自身最适合的比较优势、区域地位，通过高速铁路网实现产业转移，从而促进产业转型升级，构建产业新格局，为促进经济可持续发展、提高人民生活水平提供有力支撑。

二、增进文化交流，促进新文化形成

我国是一个多民族、多元文化的国家，历史上，由于地域间距离的客观存在以及交通欠发达，文化在不同区域里保持着较为独立的状态。铁路交通的发展促进了近代中国社会传统文化的变革，带来了时空的快速融合，物资、人员、信息、活动的流动，促进了不同地区的基因交流、文化交流，从而使社会向先进文化看齐，使文化向高等级提升，并在不同文化融合中发展形成新的文化。

铁路对于我国近代社会文化产生过深远影响。19 世纪下半叶，中国遭受西方列强侵略，蒙受深重灾难。铁路被西方列强引入中国，成为帝国主义输出资本、巩固势力、掠夺资源的重要手段。与此同时，铁路也给当时的传统文化观念带来强烈冲击，客观上促进了社会陈旧观念的改变，在一定程度上促进了中国社会进步，促进了中国传统文化与外来文化的融合。

新中国成立后特别是改革开放后，随着铁路的快速发展和路网规模的扩大，铁路在促进人文交流方面的作用愈加明显。我国幅员辽阔，不同地区在传统习惯、风俗文化等方面差异很大，铁路干线穿越多个省区市，在输送物资、人员的同时，架起沿线文化沟通交流的桥梁，有力促进了不同区域文化交流，特别是不同民族地区的文化交流。以青藏铁路为例，截至 2021 年 6 月底，青藏铁路自 2006 年开通以来累计运送旅客 2.67 亿人次，其中累计运送进出藏旅客 2 963.27 万人次，对推进青海、西藏的经济发展、促进文化交流等有重要作用。贵广铁路是连通西南地区与东部的便捷通道，跨黔、桂、粤三省区，搭起了一座凝聚民族特色的风情桥，覆盖不少重点景区，数不胜数的旅游资源吸引大量游客旅游观光，西南人民能够将当地民族别样的风情文化推向外界。如贵州这样一个多民族省份，16 个少数民族人口占全省总人口的 37.9%，它具有地方特色的文化圈层在与外界摩擦、融合的过程中，将增进双方文化发展，使文化交流从少到多，由浅至深。通过铁路促进各地区文化的交流与发展，像青藏铁路与贵广铁路这样，民族文化传承推广的美丽图景每天都在中国各个铁路线路上被创造、描绘，为经济社会文明发展注入动力，显著提升了人文水平。

另一方面，铁路带来的思想、文化、经济交流，让不同区域变得更加自由、平等和公正，区域间的文化沟通让不同地区的人们相互间有了更深的了解。高铁进一步缩短人际交流的时空距离，加剧不同地区价值观的相互碰撞，必然会带来人们思想观念和价值追求的变化。在此意义上，高铁不仅仅是拉近人与人之间的交往距离和改变人类的生活方式，同时也拓展了不同人群认识自己的空间。借用科学发展的理念审视，这不仅为进一步丰富社会文化资源奠定基础，同时也为创新社会发展方式提供一种新的解决途径，人们在各种文化的交流之中，大力弘扬每一种文化的精华，摒弃传统文化中由于地域限制造就的糟粕部分，新的优秀的文化自然产生。

不同地区通过铁路连接在一起，列车驶过一站又一站，旅客在车站之间穿梭，能够带着上一站的文化记忆，继续探寻下一站的文化瑰宝，铁路串起来的不仅仅是城市地区，更是不同城市之间的文化。铁路成为文化交流的一个重要渠道，铁路沿线地区的人们因为有了便捷的交通，丈量祖国甚至丈量世界的脚步迈得更开，也对不同的文化有了深刻鲜活的印象。在不同文化的交融与熏陶之下，人们取多元文化之精华，去其糟粕，未来的世界必然会出现更多更优秀、更先进的文化。

三、传承地域文化，标志新时代文明

高效快捷的铁路网络大大缩短了人们在空间上的距离，加深地域文化交流和融合，为促进地域文化交流发展提供运输保障。铁路的发展将地域文化特色和亮点呈现出来，为更多人所了解，对地域文化的宣传和发展有着功不可没的作用。随着铁路建设的飞速发展，铁路网逐渐完善，便捷的交通、舒适的环境、优质的服务让百姓生活质量得到了显著的提升，社会文明在一定程度上也有了较快的发展，建设新时代文明成为铁路发展的又一重点。

铁路促进了人类经济社会发展和文化交流，而铁路尤其是铁路车站的建设水平则是一定时期社会经济、文化、科技水平的集中体现。欧洲是世界铁路的发源地，众多历史车站像一面面镜子，映射出人类文明智慧、社会科技发展进程，记录着曾经的成就和兴衰。那些钢铁拱棚覆盖的车场站台、装饰华丽古典的候车大厅以及车站标志性的豪华时钟，无一不叙说着当年火车站建筑的辉煌。有些至今仍闻名于世，如米兰中央车站、巴黎北站、伦敦国王十字车站、圣潘克拉斯车站、比利时安特卫普中央车站、纽约中央车站等，这些火车站在建筑风格、造型表达、单体跨度、规模体量、功能布局、装修装饰等方面都代表了当时建筑的最高技艺水平，成为城市的门户、区域的地标和时代文明的标志。

纵观我国铁路 100 多年的发展历史，铁路车站的发展经历了移植、探索、成长、成熟到全面发展的不同阶段。1900 年前后，各国殖民者竞相争夺中国铁路的修筑权，铁路车站开始作为殖民者在其利益区内的门户和标志而日益受到重视，车站站房建筑几乎成为殖民建筑文化的展示舞台，也出现了许多特征鲜明的铁路车站，这些车站建筑造型精美，设计风格均与当时各国的文化审美有着密切的联系。进入 20 世纪，随着两次建筑民族复兴热潮的兴起，一些铁路车站从中国古典建筑的传统形式中汲取设计灵感，亭台楼阁的传统建筑语言和样式被嫁接在车站的建筑形式上，如北京站、北京西站等，体现了民族传统形式与现代建筑技术的结合。同时，人们对现代建筑风格的探索也体现在车站站房设计中，体现为明显的功能主义倾向，平屋顶、不对称布局、简洁的几何形体，达到较高的设计水平。21 世纪深化改革开放的中国，社会经济、技术得以全面、快速发展，多方位服务旅客、融入城市地域环境的全面发展新思想、新理念，让高铁车站以高科技、唯安全的崭新姿态和重文化、升品质的高起点目标呈现于世人面前，充分体现了现代科技、品质至上、人文关怀。一座座高铁车站踏着时代的脉搏接踵而至，以全新的形象和气息改写了我国铁路车站的历史面貌，犹如一颗颗璀璨的明珠，成为城市的心灵之门、标志新时期铁路文明的窗口。

四、注重人文关怀，提升人性化体验

作为国家经济的大动脉、大众化的交通方式，铁路在发展过程中不仅注重经济效益，更把人的因素作为一个重要的条件进行考量，始终将对旅客的人文关怀放在首位。作为铁路客运服务的主要窗口，新时期铁路车站的设计坚持人性化的原则，即在满足人们换乘需求的基本前提下，还要提供安全、舒适、便捷及具有丰富文化内涵的乘车环境，为城市环境增添新的活力。

铁路部门基于大数据提前对客流量进行分析预测，做好运力安排部署，以保障乘客能在每个节假日顺利出行，为旅客安全出行保驾护航的同时，也最大限度地满足旅客走亲访友、寻根祭祖、踏青出游等多元化需求。从在车站售票窗口排队买票到如今互联网实名制购票，从纸质车票到电子客票，旅客享受到“一证通行”的畅行体验，极大地提高了进出站效率。此外，车站作为旅客集散的重要场所，其功能布局的合理性与舒适性对旅客的人性化体验有极大影响。在有序组织旅客进出站流线、提供舒适候车环境以及快捷的乘降路线等主要功能的基础上，不断提高便捷性、舒适性，植入信息、休闲、商业、文化、环境、安全等多元化功能，提供高效、丰富、便利的全方位服务，全面提高人性化服务程度，生动地诠释了“人文关怀”的精神内涵。

第二节　杭黄高铁定位和作用

杭黄高铁东起浙江省杭州市江干区(现为上城区),向西经杭州市富阳区、桐庐县、建德市、淳安县,越皖浙交界天目山脉进入安徽省,经宣城市绩溪县和黄山市歙县、徽州区至黄山市。杭黄高铁全长287.5 km,全线设杭州东、杭州南、富阳、桐庐、建德、千岛湖、三阳、绩溪北、歙县北、黄山北10座车站,设计速度250 km/h。2018年12月,杭黄高铁正式开通运营。

一、打通皖南与浙西地区融入长三角的快速通路

浙江杭州——世界最美华贵天城,安徽黄山——天下第一奇山,两地相距不过三百多公里,但两地之间地势高低起伏,有着天然壁垒(图1–1),如何缩短两地交通距离,让两地的“朋友圈”颜值升级,促进浙西至皖南地区的经济发展,打造以杭州为中心,辐射富阳、桐庐、建德、淳安等地的“一小时都市圈”迫在眉睫。杭黄高铁沿线及周边地区旅游资源极为丰富,但皖南、浙西地区经济相对落后,缺乏与长三角沟通的快速铁路交通方式。虽然经过多年的铁路建设,但安徽省黄山市与杭州、上海、宁波间仅通过皖赣铁路、宣杭铁路沟通,存在技术标准较低、客车旅行速度低、线路能力紧张等问题;沪浙地区与中西部地区联系的通道有陇海、沪昆、沪汉蓉等通道。而杭黄、九景衢、武九等线路组成的新通路可承担皖南与沪、浙东北地区的客流和川渝鄂、赣东北地区与沪、浙东北地区间部分客流,是沪、浙地区与中西部地区联系的辅助通路。建设杭黄高铁增加了路网的机动灵活性,形成中西部地区与沪浙地区交流的便捷通路,是皖南、浙西地区融入长三角的重要交通基础设施,是长三角城际铁路网的延伸,是国家高速铁路网的重要组成部分,对推动长三角一体化发展、促进沿线旅游资源开发、推动区域经济协调发展和建设社会主义和谐社会具有重要意义。

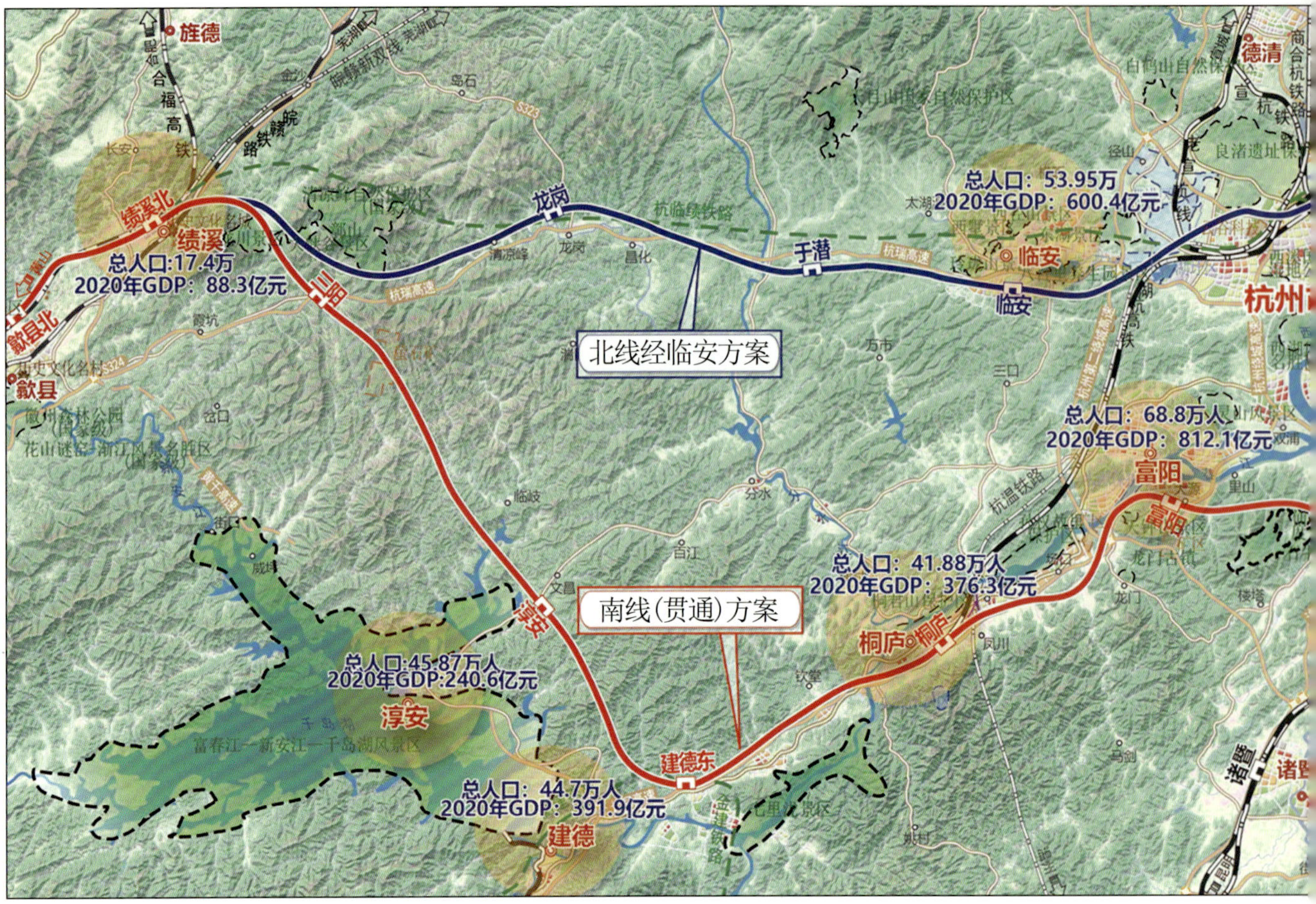

图 1–1　杭黄高铁线路图

二、打造串联名城、名江、名湖、名山的黄金旅游高铁线

杭黄高铁是一条美丽的风景线、旅游线。从“毕竟西湖六月中，风光不与四时同”的杭州到“轻舒巨臂邀诸客，再上天都眺远台”的黄山，杭黄高铁串联了名城（杭州）、名江（富春江）、名湖（千岛湖）、名山（黄山），有杭州西湖风景区、杭州西溪国家湿地公园、淳安千岛湖风景区、黄山风景区、皖南古村落西递宏村、古徽州文化旅游区、绩溪龙川景区 7 个 5A 级景区和桐庐瑶琳仙境、临安大明山风景区、齐云山风景名胜区等 50 多个 4A 级景区，途经十几座国家级森林公园和地质公园。富春江—千岛湖—新安江，徽浙商贾互联互通于大川名水；歙县徽州古城、黟县西递、宏村古村落传承厚重名居；苏轼、白居易、朱熹连接徽越文化，自然与人文交相辉映，百家争“名”，是一条典型的黄金旅游线。

速通长三角，慢游山水间。为开发好杭黄高铁沿线的旅游资源，杭州推出了10条文化旅游精品线路，精挑细选富阳、桐庐、淳安、建德等地具备独特韵味和风土人情的文旅产品，向游客呈现杭州都市圈“一站式”高铁游模式，邀请四海旅客共赏杭黄美景。杭黄高铁带来的“快旅慢游”体验，为外地游客通过一条高铁线路即可深入江南文化腹地提供了可能，让游客在饱览秀美山水的同时，品尝江南文化大餐。

三、拉动沿线经济增长的新引擎

杭黄高铁是一条促进区域协调发展的黄金发展线。浙西到皖南地形地貌复杂，杭黄高铁开通之前，富阳、桐庐、建德等地一直面临着没有铁路的窘境，区位优势不够明显。杭黄高铁彻底打通浙西皖南天堑，杭州至黄山间旅行时间缩短至1.5 h，比公路运输节省一半时间，大大缩短浙西、皖南与长三角城市群的时空距离，惠及浙西、黄山及周边地区。同时，经沪杭、杭甬客运专线直通上海、宁波等长三角城市，形成运力强大、便捷高效、节能环保的快速客运网，也加快了安徽与杭州、上海、南京等长三角城市的紧密联系，促进了长三角区域交通一体化进程。

从“人间天堂”杭州至“人间仙境”黄山，通过杭黄高铁这个纽带，将更好发挥各自的特色优势，形成互补，两地间的旅游产业更加集群，经济上的溢出效应进一步凸显。杭黄高铁开通一周年时，富阳、桐庐、建德、千岛湖站分别发送旅客99.5万、138万、89万、147.2万人次，与杭黄高铁、合福高铁共线的绩溪北、歙县北、黄山北站旅客发送量分别同比增长100.7%、101.8%、61.7%。以建德为例，高铁开通后一年，建德跨入了长三角高铁经济建设圈的行列，客源半径从300 km延伸到500 km；酒店入住率增长10%，酒店收入增长16%；游客人数增长20%，景区收入增长100%。不仅是建德，地处浙西北的淳安县也享受到了杭黄高铁带来的交通红利，2019年1月至11月，该县民宿接待过夜游客328.27万人次，实现客房收入4.71亿元，分别同比增长23.96%和27.25%。由此可见，杭黄高铁对拉动沿线地区的经济起着举足轻重的作用。

第三节　杭黄高铁的人文特征

杭黄高铁沿途风景优美，文化底蕴深厚，车站设计贯彻站城融合理念，注重与自然相融合，传承地域文化特色，功能布局秉承以人为本，富有创新性的细节设计更为车站添光彩，为旅客提供舒适温馨的出行体验，充分体现出杭黄高铁的人文内涵与人文关怀。

一、沿线满载诗意山水与人文气韵

浙皖地区历来是一个文化传播频繁、信息联系和物质交换都极为活跃的地区，以徽杭古道、新安江水系为代表的多种水路运输川流不息，是承接重要而多元文化的区域，积淀了丰富的文化遗产资源。杭黄高铁打通浙西至皖南间山水相隔的天堑，一路连起十多处国家森林公园，并将西湖、西溪湿地、千岛湖、绩溪龙川、古徽州文化旅游区、黄山、西递宏村等 7 个 5A 级景区串成一线，成为一条穿越秀美山水的风景线（图 1–2）。历代文人墨客游历此地创作诗文无数，传世名画《富春山居图》便是黄公望隐居富春江富阳段时所创作。铁路沿线区域不仅风景秀丽宜人，且历史文化底蕴深厚，新安江、千岛湖、富春江将徽州文化、新安文化联系起来。古迹遗存、历史故事、文化名人、诗词书画，沿线每一座城都是一个历史文化宝库，满载人文气韵。

二、车站设计融合自然与地域文化

杭黄高铁不仅沿线风景如画，每一处都是人们心目中经典的烟雨江南，这条线路上的车站也宛若颗颗璀璨珍珠，一站一景致，成为全国最美景区式高铁车站。杭黄高铁站房设计与当地自然人文环境紧密结合，通过匠心营造，将每一个站房都打造成一个文化艺术精品。千岛湖站就是其中的突出代表，人字形双坡造型的站房、错落有致

图 1-2 杭黄高速铁路沿线风景

的廊桥与周边山水融为一体（图 1-3），尽显江南建筑的婉约之美；站房外立面腰线的水波纹饰板、室内万字纹、顶棚中心旋转圆形灯屏，形成湖光潋滟、清澈空明的视觉美感；候车厅休闲区的巨幅砖雕文化墙、出站厅两侧“巨网捕鱼”等石雕作品，凸显文化底蕴；打造沿溪亲水景观平台，成为与 5A 级景区游船无缝换乘的车站，实现了与市政配套的深度融合。

三、功能布局彰显“以人为本”

杭黄高铁建设前期通过量化分析区域机动车流量和进出站交通与过境交通的关系，优化规划路网，立体化梳理人车交通分流组织和安全信号控制。在车站总体规划中，充分考虑铁路与各种交通方式换乘的便捷性，结合站址地形地理条件，合理设计站房、站前广场和站场客运设施布局，解决各种城市公共交通车场的分布与高铁车站的换乘对接，方便旅客根据抵达的不同交通方式选择从地下层、地面层等不同高度进入车站，以及出站后与各种交通方式的顺畅接驳。

杭黄高铁站房各功能区布局充分考虑旅客需求和体验：旅客流线设计实现进出站流线在时间和空间上各行其道，车行系统的流线设计既保证系统内各种车辆的有序流

图 1–3　千岛湖站

动，又做到人车分离，减少与人行流线的交叉冲突；自动扶梯及垂直电梯等方便的乘降服务、便捷的信息服务以及周到的商业服务等服务措施，提高了进站上车的效率，全面提升旅客候车及乘车体验。

四、细节创新体现人文关怀

杭黄高铁在站房设计中注重细节，每一个部位都反复推敲，力争达到最好效果，精细化设计各处节点，坚持创新探索，将新时代的新要求和新理念融入站房建设中。

通过深度挖掘当地特色的民俗文化元素，以抽象的设计手法，将徽州文化、新安文化巧妙地应用到车站设计中。杭黄高铁站房内部在立面、吊顶细节设计中融入当地

地域文化元素，并通过名画、砖雕浮雕直观呈现地域文化特色，如千岛湖站室内装修利用现代多媒体作为文化展示的动态窗口，让游客在候车时不再是打发无聊的时光，而是沉浸于当地文化盛宴。在站前广场设计中，地雕、雕塑、盆景等将许多代表当地文化的元素蕴含其中，在站房外部细部造型中，也巧妙融入当地传统建筑文化和地域文化，力求通过恰当的细部设计展现杭黄高铁丰富的文化内涵和浓厚的人文气息。此外，杭黄高铁站房设计中更以浓墨重彩展现铁路文化。如在千岛湖站，设立杭黄铁路展览馆展示杭黄高铁的建造过程和建设成就；在三阳站，通过设立徽派浮雕走廊再现我国铁路发展的光辉历程，成为杭黄高铁展示铁路文化的独特风景线。

第二章
文脉流淌的百里画廊

从诗画杭州到巍巍黄山，从江南烟雨、雾霭炊烟到徽州白墙黛瓦，乘坐杭黄高铁不仅能欣赏沿线优美的自然风光，更能感受厚重的历史文化气息，每一处都风景如画，每一处都诉说着千年历史。杭黄高铁是“山色空蒙”中一道优美的弧线，也是“归来不看岳”感慨的名不虚传，优美的自然景色、丰富的人文历史，无愧文脉流淌的百里画廊。

本章将先介绍杭黄高铁沿线的自然风光，包括地理位置、地形地貌、气象、河流、水文、自然资源等自然特征，以及杭州风景区、富春江沿线、千岛湖景区、新安江沿线、黄山风景区的自然风景资源；然后介绍杭黄高铁沿线各站点的人文历史背景，充分展现杭黄高铁承载的深厚人文底蕴。

第一节　沿线自然风光

杭黄高铁沿线区域多山地丘陵，河流交错，生态环境优美，旅游资源极其丰富，沿途风景如诗、山水如画，堪称“最美高铁”。

一、自然特征

（一）地理位置

杭黄高铁位于皖南及浙西地区，起点是杭州市（图 2–1）。从白居易笔下“忆江南，最忆是杭州”到苏东坡笔下的“淡妆浓抹总相宜”，无论是晴雨冬夏，杭州总是能够给游客带去极好的心情。从杭州顺着杭黄高铁继续前行，来到富阳。富阳以富春江闻名，南朝文学家吴均以“泉水激石，泠泠作响；好鸟相鸣，嘤嘤成韵”来描述富阳的美丽图景，更有传世名画《富春山居图》描绘了当时的美景，乘客通过杭黄高铁能够更好地体验江南的美景，而路基、桥梁、铁路与自然风光相映成趣，可以说杭黄高铁成为构成现代“富春山居图”的一部分。再往前走一路经过桐庐、建德、淳安、

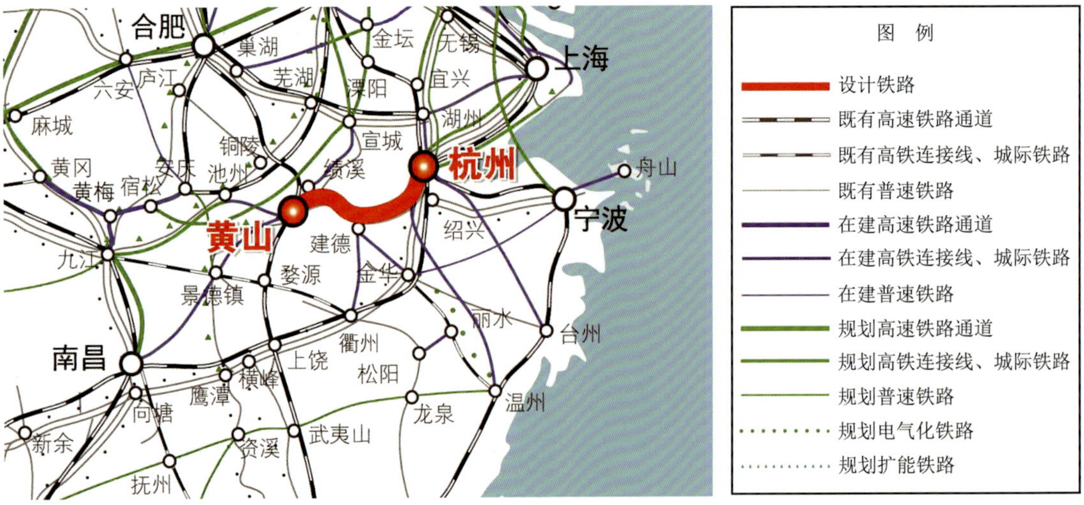

图 2–1　杭黄高铁地理位置示意图

绩溪与歙县，最终来到黄山市。一条蜿蜒的江水跨越了约六百公里，流过了富春江，流过了千岛湖，一头连着杭州，一头连着徽州，古时的人们车马慢，走水路晃晃悠悠欣赏着江南的美景，一叶扁舟一晚上也不过只行驶了二三十里。如今，从杭州的雾霭炊烟行驶到徽州的白墙黛瓦，最快只需要一小时二十分钟，现代科技用其强大的力量，带领人们通过便捷的方式欣赏江南水乡的婉转多情。

（二）地形地貌

杭黄高铁所经过地区跨越冲海积平原、河流阶地、中低山区、丘陵区四种地貌单元。冲海积平原主要分布于杭州市附近，地形平缓开阔，地面沟渠、道路交错。河流阶地具有典型的山区河流特点，阶地呈狭窄条带状，就像玉带嵌在山水之中。阶地地面高程变化较大，这与河流在山区、丘陵区发育的部位息息相关。中低山区位于安徽、浙江两省交界处，属于天目山山脉，沟谷深切、地形陡峻，系长江水系与钱塘江水系的分水岭。丘陵区位于中低山坡麓地带，地形起伏、地面坡度较缓。全线地形总趋势西北高、东南低，相对高差 1 280 余米。整个杭黄高铁经过的地区就是一幅典型的江南美景画卷，而杭黄高铁也成为这美景中一条美丽的纽带。杭黄高铁线路平面示意如图 2–2 所示。

（三）气象、河流、水文

1. 气象

杭黄高铁沿线是典型的江南气候，“烟雨江南”名副其实。沿线地处亚热带湿润地区的北缘，属亚热带湿润季风气候，四季分明，有一些明显的特殊气候现象，如寒潮、雾、梅雨、台风、春秋季低温、干旱等。常年平均气温 15.3～17.0 ℃，年最高气温为 42.1 ℃，最低气温为 −15.5 ℃。

2. 河流

“一江流韵一江诗”，杭黄高铁位于江南水乡，自然要考虑沿线的河流。本线范围内主要为钱塘江水系。钱塘江河道曲折，上游为山溪性河道，束放相间；中游为丘陵；下游江口外呈喇叭形状，江口逐渐展宽。主要支流有新安江、浦阳江、分水江。

新安江源出安徽省黄山西南麓。西南流经歙县、休宁二县，在黄山市临溪镇汇合率水之后始名新安江。干流全长 261 km，流域面积 11 772 km^2。主要支流有寿昌

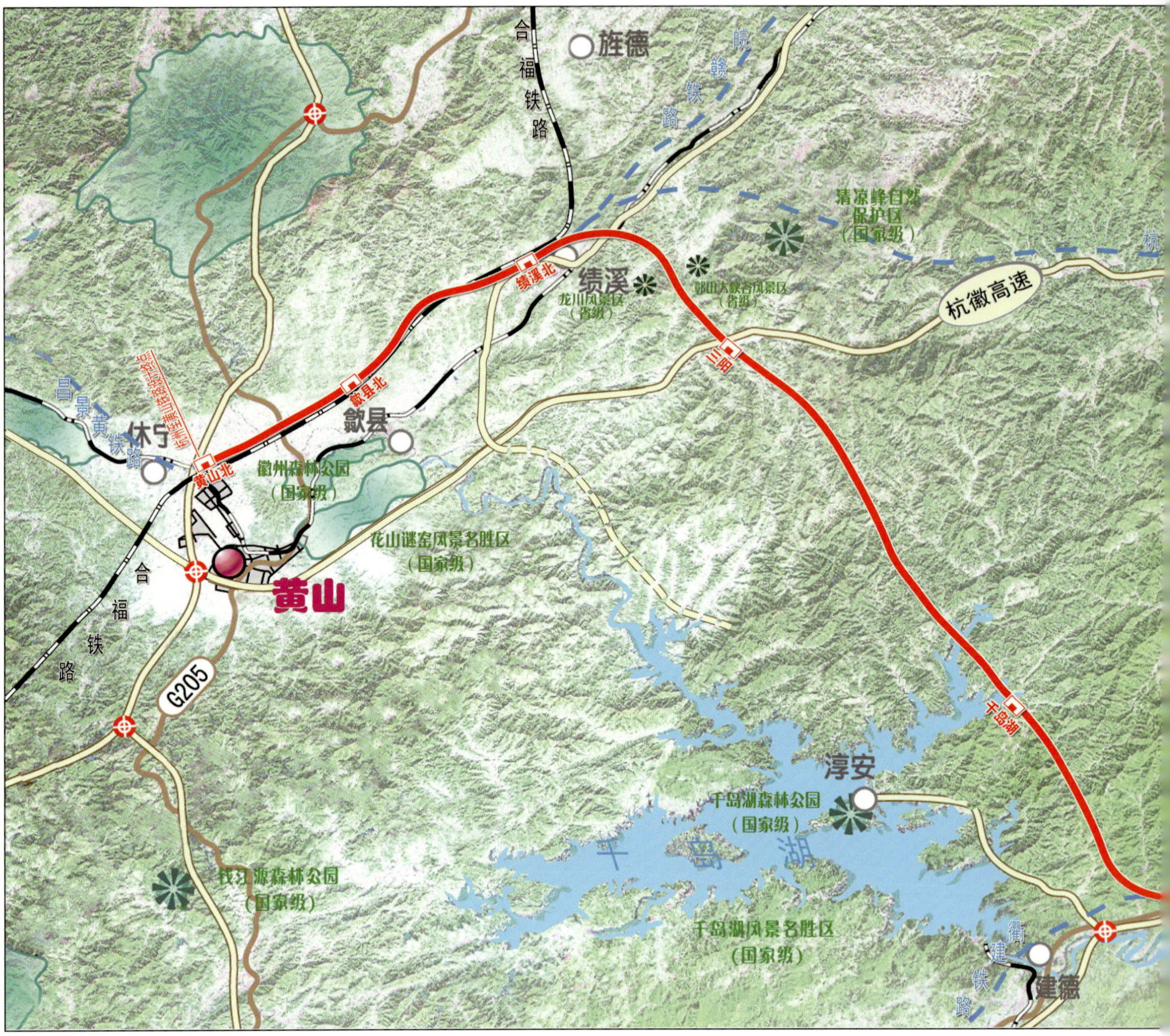

江、东源江、丰乐河、武强溪、昌溪、休宁河等。新安江属山溪性常年河，含沙量少，清澈见底。浦阳江，源出自浦江县大园湾，流经诸暨市、绍兴市北，在萧山区闻堰镇附近注入钱塘江。浦阳江全长 50 km，流域面积 3 431 km^2，多年平均年径流量 24.6 亿立方米；上游河宽 22～75 m，下游河宽 80～120 m。主要支流有大陈江、开化江、枫桥江等。分水江正源为昌化溪，源出安徽省绩溪县荆州乡附近山区，东流穿经天目山峡谷入浙江省临安区境。主河道折向南流称旦溪。南汇颊口溪，过昌化镇境内称天目溪。至桐庐县境始名分水江。南流汇入富春江，全长 174 km，其中安徽省境

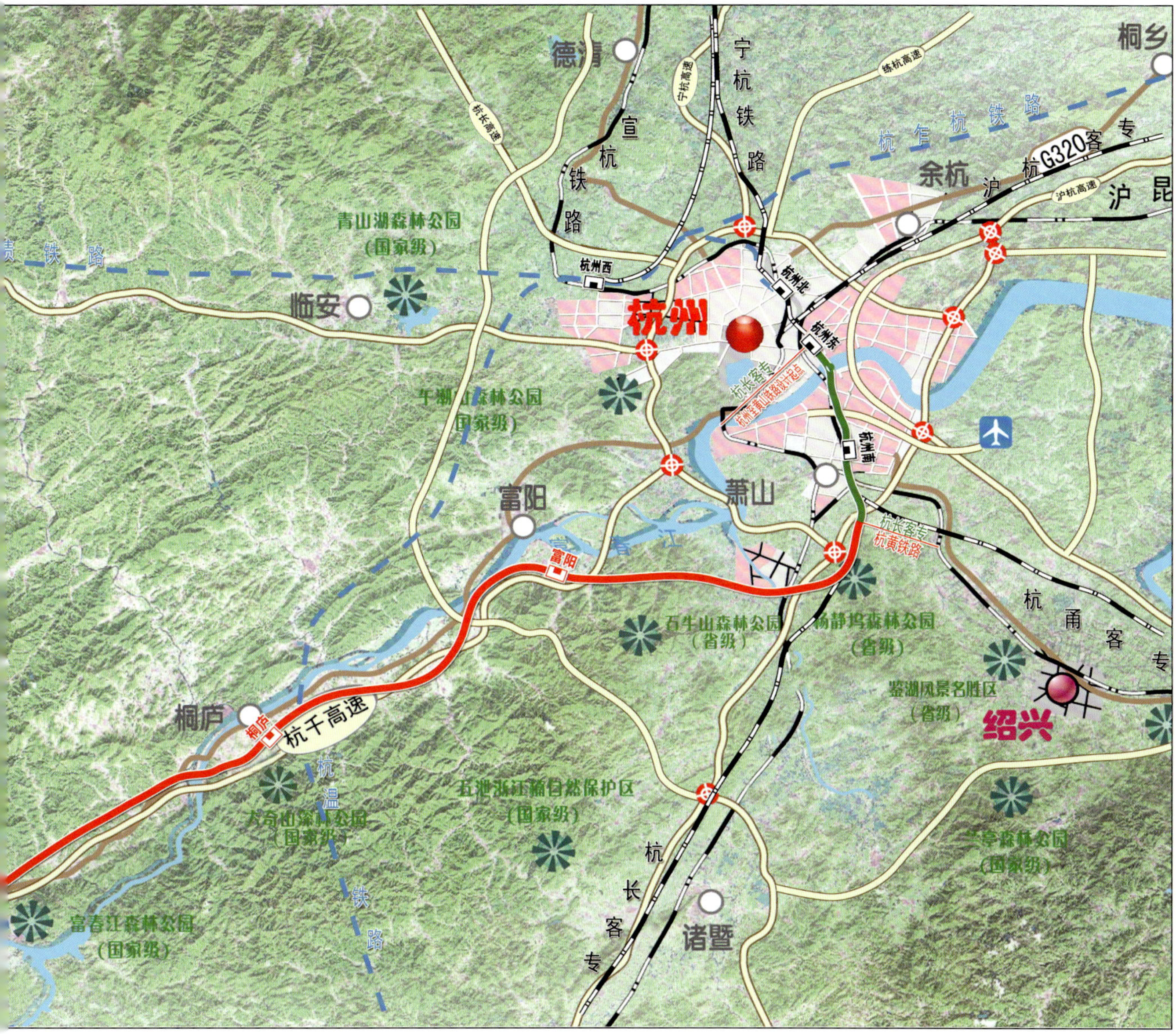

图 2–2 杭黄高铁线路平面示意图

内长 11.6 km，总流域面积 3 430 km^2，多年平均年径流量 31.3 亿立方米，自然落差 1 142 m。

3. 水文

水文是气候环境中极其重要的一环，河流不仅能够带来美丽的风景，还能够起到调节气候的作用。杭黄高铁线路范围内主要有诸河流域的钱塘江流域，邻近中国东南沿海，位于亚热带季风气候区，年平均温度 17 ℃，天气干燥；夏季多东南风，气温高，光照强，空气湿润；春秋两季气旋活动频繁，冷暖变化大。春季及初夏多锋面雨，夏秋之际多台风，季风环流的方向与主要山脉走向基本正交，山脉起着阻滞北方寒流和台风的作用。年平均降水量 1 600 mm，其中 4—6 月多雨，降水量占 50%，易发洪、涝灾害；7—9 月降水量占 20%，旱灾频繁。河川径流年内、年际变化较大。杭黄高铁沿线水系如图 2–3 所示。

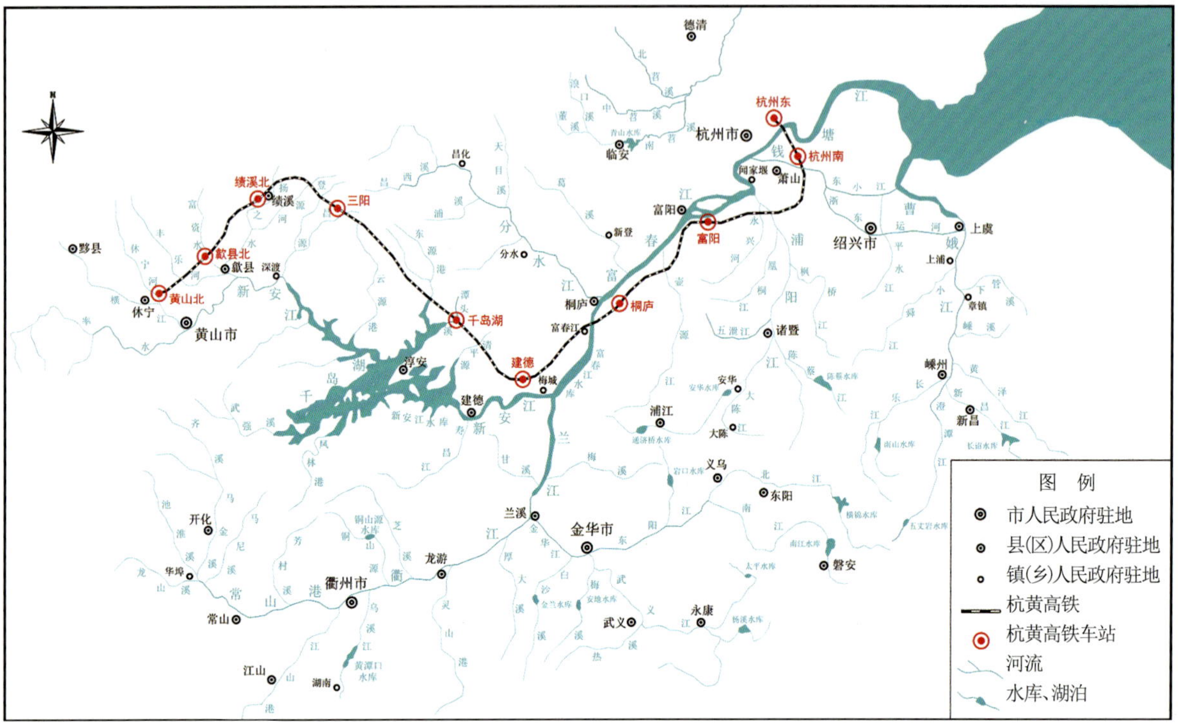

图 2–3　杭黄高铁沿线水系示意图

（四）自然资源

1. 土地资源利用现状

杭黄高铁沿线所经浙江省杭州市、安徽省黄山市和绩溪县三地的行政区划范围共 27 529 km^2，其中杭州市 16 596 km^2，黄山市 9 807 km^2，绩溪县 1 126 km^2。

杭州市西北部和西南部系浙西中低山丘陵区，东北部和东南部属浙北平原。杭州市耕地面积为 182 068 公顷，人均约 310 m^2（0.465 亩）。全市土壤以红壤和水稻土为主，适宜多种植物生长。

黄山市是一个“八山半水半分田，一分道路和庄园”的山区市。全市土地类型可分为中山、低山、丘陵、河谷盆地四大类型。黄山市耕地面积为 52 600 公顷，中低山地大部分为黄壤，透水透气性能良好，肥力较高，有利于木、茶、桑和药材生长。

丘陵地带多为红壤和紫色土，质地黏重，酸性，肥力很差，但光热条件好，适宜栎松、油茶等生长，山麓盆地与平原谷地多砂壤土、溪河两岸多冲积土，适用于农业耕作，不同的土地可以用于种植不同的作物。

绩溪县农田总面积为 15 671.69 公顷，其中灌溉水田 6 148.7 公顷，望天田 4 763.0 公顷，旱地 453 公顷，菜地 520.1 公顷。绩溪地带性土壤为红壤，约占全县总面积的 56.7%，耕作土壤主要有水稻土。

2. 动植物分布概况

杭州市地处中亚热带常绿阔叶林植被带，其东半部属钱塘江下游、太湖平原植被片，西半部属天目山、古田山丘陵山地植被片。植物区系的温带、亚热带东亚区系成分的特征显著。植被垂直分布是：海拔 500 m 以下的丘陵为常绿阔叶次生林，但多数丘陵为马尾松林、毛竹林、人工杉木林，茶、桑、果园；海拔 500～1 000 m 的低山为常绿落叶阔叶混交林，海拔 1 000 m 以上中山多落叶阔叶树。市域内共有国家重点保护植物 35 种，其中属二级保护的有金钱松、银杏、天目铁木等 12 种，属三级保护的有南方铁杉、青檀、长序榆等 23 种。全市森林面积为 106 万公顷，森林覆盖率为 64%。

杭州市的野生动物中脊椎动物地理成分复杂。兽类、爬行类、两栖类均以东洋界种占优势；鸟类以古北界种稍占优势，杭州市区鸟类仍以东洋界种为主；钱塘江水系的淡水鱼类由北方平原、北方山区、江河平原、晚第三纪、热带平原、中印山区六个鱼类区系复合体组成。陆栖脊椎动物主要分布于西南山区和临安北部山区。无脊椎动物以昆虫类繁盛。全市属于国家重点保护的野生动物共有 68 种，其中一级保护的有中华鲟、扬子鳄、白颈长尾雉、梅花鹿等 13 种，二级保护的有松江鲈鱼、虎纹蛙、斑嘴鹈鹕、猕猴、尖板曦箭蜓、拉步甲等 55 种。

黄山市具有优越的自然条件，蕴孕着丰富的森林资源，全市自然分布着七百多种树木，加上引种培育的树种，共有 1 000 多种。其中，经济价值较高的约有 1 000 种，属于国家重点保护的珍贵树种有香果树、红楠、花榈木、红椿；省定保护木种有金钱松等 15 种；全市森林覆盖率为 73%，木材蓄积量为 2 400 万 m^3，毛竹约 5 000 万根。

黄山市珍稀野生动植物保护系统的空间格局为“三地三带三岛四中心”。“三地”是指华南梅花鹿栖息地、黑麂栖息地、白颈长尾雉栖息地；“三带”是指三条连接华南梅花鹿、黑麂、白颈长尾雉栖息地的生境廊道带；“三岛”是指三个尖吻蝮人工繁育生态岛；“四中心”是指华南梅花鹿、黑麂、白颈长尾雉种源繁育中心及珍稀特有植物种源培育中心。野生动植物特有种和濒危种多，濒危率大大高于全国和世界的濒危率。根据专家认定，黄山市是具有国际意义的陆地生物多样性关键地区。

绩溪县内植物有 200 余科 1 600 余种，其中木本植物 102 科 283 属 700 余种，属国家保护珍稀植物的有 30 多种。野生动物种类繁多，属国家保护的珍稀动物有 32 种。其境内安徽清凉峰自然保护区生态系统保存完整，野生动植物资源丰富，是安徽省乃至全国动植物种类荟萃的地区之一，被誉为天然博物馆和生物物种资源库。保护区内植被垂直分布明显，拥有银杉、红豆杉、南方红豆杉等大量国家重点保护物种；已知陆生栖脊椎动物有 286 种，其中国家重点保护的野生动物有梅花鹿、黑麂、白颈长尾雉、金钱豹等。

二、自然风景资源

杭黄高铁始于“人间天堂”杭州，穿过举世闻名的《富春山居图》原址地到淳朴清新的桐庐大奇山，跨越气势磅礴的新安江到心旷神怡的千岛湖，终到“人间仙境”大美黄山。“欲把西湖比西子，淡妆浓抹总相宜”，“黄山四千仞、三十二莲峰”，自然与人文交相辉映，杭黄高铁实现了苏轼和李白的跨时空“拥抱”。这条 287.5 km 的铁路线，沿途风景如诗，山水如画，分布着 7 处 5A 级景区、50 多个 4A 级景区和 10 多个国家级森林公园，串联起名城、名江、名湖、名山，似一条华彩丝路韵动于名山大川之间。

（一）杭州风景区

“天下西湖三十六，其中最美是杭州”，杭州是杭黄高铁的第一站。杭州是我国八大古都之一，已有 2 200 年的悠久历史，古称钱塘、临安，吴越、南宋先后建都于此，是著名的历史文化名城、国际风景旅游城。早在 13 世纪，杭州便被意大利著名旅行家马可波罗赞为“世界上最美丽的华贵之城”。杭州尤以西湖秀丽迷人的湖光山色和璀璨丰富的名胜古迹而闻名中外（图 2-4）。西湖风景区以西湖为中心，三面云山，中涵碧水，沿湖地带绿荫环抱，山色葱茏，画桥烟柳，云树笼纱，逶迤群山之间，林

图 2-4　杭州西湖

泉秀美，溪涧幽深。西湖山水秀美，春夏秋冬各有景色，晴雨风雪各有情致，正如宋代大文豪苏东坡留下的千古绝唱：“水光潋滟晴方好，山色空蒙雨亦奇”。“西湖山水还依旧，憔悴难对满眼秋。山边枫叶红似染，不堪回首忆旧游。”《白蛇传》里许仙与白娘子优美动人的传奇爱情故事更为西湖增添了无限的神秘色彩。

在烟雨如画的杭州，除却如西子一般明艳秀美的西湖之外，还有一处风景佳境——杭州西溪国家湿地公园（图 2-5）。以“一曲溪流一曲烟”闻名的西溪湿地，与西湖、西泠并称为“杭州三西”，也是目前国内第一个集城市湿地、农耕湿地、文化湿地于一体的国家湿地公园，园内生态资源丰富、自然景观幽雅，文化积淀深厚。西溪之胜，独在于水。水是西溪的灵魂，园内约 70% 的面积为河港、池塘、湖漾、沼泽等水域，整个园区六条河流纵横交汇，水道如巷、河汊如网、鱼塘栉比如鳞、诸岛棋布，形成了西溪独特的湿地景致。坐船游览，体验移船换景，尤其是到了芦花丛边，激荡的水流和着劲风，吹落漫天飞絮般的芦花，犹如进入“一叶扁舟，闲看芦花”的山水画意境。岸边水獭神出鬼没，滩涂上水鸟仪态万方地梳理着羽毛，美不胜收。

图 2–5　西溪国家湿地公园

（二）富春江沿线

“一江烟水照晴岚，两岸人家接画檐”，一川如画的富春江（图 2–6）横贯杭黄高铁沿线的富阳、桐庐两县。素有“奇山异水、天下独绝”之称的富春江，与长江三峡、桂林漓江齐名，其间青山葱翠相拥、春水澄明如镜，水行山中，山绕水生。无论是“碧桃三月花如锦”的艳春，“翠色随人欲上船”的夏景，或是“一江流碧玉，两岸点红霜”的秋色，都有一番醉人的魅力，即便是“雪霁波明”“寒江独钓”的冬天，也有耐人寻味的底蕴。“风烟俱净，天山共色。从流飘荡，任意东西。自富阳至桐庐一百里许，奇山异水，天下独绝。”“泉水激石，泠泠作响；好鸟相鸣，嘤嘤成韵。”“鸢飞戾天者，望峰息心；经纶世务者，窥谷忘反。”南朝文学家吴均在他的名篇《与朱元思书》中写出了自富阳至桐庐一百许里风景走廊的绝美景致。在他的笔下，富春山水既使人心旷神怡，也能让人淡泊名利，宠辱皆忘，给人一种亲近、回归自然的渴望。元代大家黄公望结庐隐居，穿梭于富春江的两岸，观烟云变幻之奇，领略江山钓滩之

图 2–6 富春江

胜，绘就出旷世名画《富春山居图》，让无数世人领略了富春山水的秀丽和绝美。如今在富阳江畔，动车疾如风，澄江静如练，一江烟水，两岸人家，山水，桥梁，路基，隧道，这里仍然是一幅人与自然和谐相处的现代版富春山居图。

“天下佳山水，古今推富春”。从杭州东站乘坐杭黄高铁，60 km 后抵达富阳站。富阳，既富山城之美，又具江城之秀，山清水秀，景色旖旎。来到富阳，你会为这里如画卷般的景色而沉醉，你可以徜徉于天下独绝的青山绿水之间，追寻黄公望飘逸豁达的归隐仙踪，感受郁达夫浪漫诗性的文学情怀。富阳区内富春江中有两座天然岛屿，月亮岛和新沙岛。月亮岛由沙质土长年冲击而成，岛上植被良好，自然环境幽美，风景秀丽；新沙岛上金沙铺地，桑林成荫，空中俯瞰，犹如一片绿叶漂浮于富春江上。每当清晨或黄昏时，薄雾轻轻拥岛入怀，点点白鹭时而翻飞时而翱翔，仿若随风飘散的洁白花朵，登船上岛，层层叠叠的杨树扑面而来，与水天共成一色。富阳境内富春江南岸的龙门山，是仙霞岭余脉，龙门山山势雄伟，高巍迢绕，云岚雾霭，悬崖飞瀑，宛如白练当空，跌入龙潭，珠雾迷蒙如入仙境（图 2–7）。龙门山主峰杏梅尖，海拔 1 067.6 m，是富阳境内第一高峰，山上林木葱茏，绿水萦风，幽谷清泉，长流不绝，是登高探幽之佳地。每逢冬季降雪低温后，整座龙门山白雪皑皑，一路往上玉树凌空，琼花烂漫，满山冰挂雾凇，美轮美奂。

图 2–7　龙门山

“钱塘江尽到桐庐，水碧山青画不如”。从富阳站乘坐杭黄高铁，38 km 后抵达桐庐站。桐庐是一座闻名遐迩的国际花园城市，境内峰峦竞秀，江河争流，人文荟萃，素有“钟灵毓秀之地，潇洒文明之邦”的美誉。山的伟岸、石的秀色、水的灵韵，造就出桐庐山水洞，渲染着桐庐诗画意境。从桐庐站出站后，乘坐公交约 10 min 车程后可到达“江南第一名山”——大奇山（图 2–8），这里山峦叠翠、峡谷幽深、溪水潺潺，又有茂林修竹和平畴沃野相映带，即使在盛夏酷暑，流连于此，耳闻蝉吼鸟唱，脚下泉水叮咚，自当心静气闲，悠然自得。乘坐公交转大巴，约 45 min 车程后可到达“全国诸洞冠”瑶琳仙境，在这里，你将会领略到石笋密布、千奇百怪、鬼斧神工的喀斯特洞穴，曲折有致的洞势，瑰丽多姿的石景，漫步其间，如入仙境。与瑶琳仙境仅一江之隔的，是被誉为“地下第一河”的垂云洞，洞内地下河长 4.5 km，水绕洞转，清

图 2–8 大奇山国家森林公园

澈见底，洞中的激流、浅滩、飞瀑、深潭，气势磅礴，洞内钟乳累累、晶莹剔透，恰似神话的水晶宫。

（三）千岛湖景区

沿着富春江，乘坐杭黄高铁，从桐庐站经建德站，70 km 后便是淳安千岛湖站，杭黄高铁从千岛湖边缘通过。千岛湖，即新安江水库，位于浙江省杭州市淳安县境内，小部分连接杭州市建德市西北，是为建新安江水电站拦蓄新安江上游而成的人工湖，1955 年始建，1960 年建成。千岛湖的总岛屿面积达 409 km^2，坐拥一千多个大小岛屿，群岛形态各异，分布有疏有密，罗列有致，巧妙地排列成一个“公”字，隐喻天下为公，气势宏大，堪称天下奇观（图 2–9）。仁者乐山，智者乐水，千岛湖的山和水确是绝配，林林总总的岛屿，其美全在于水，它们在一起，是自然的融合，是爱情的故事。千岛湖是一片人工湖，也依然景色迷人，群山巍峨叠翠、湖水澄清、岛屿星罗棋布，既似太湖的烟波浩渺，又有西湖的娟秀气韵，有如郭沫若先生之美誉：“西子三千个，群山已失高；峰峦成岛屿，平地卷波涛。”放眼纵览千岛湖，一座座岛屿就像梅花，漂浮在水面上，眼前星罗棋布的小岛，就像银河中的星星，岛屿港湾纵横交错，像是在绿岛和绿水之间画上了一道白色的沙滩弧线，恰有“千岛碧水画中游”之意境。

图 2-9 千岛湖

梅峰岛是千岛湖海拔最高的岛屿，位于千岛湖中心湖区西端的状元半岛上，距千岛湖镇 12 km。它以群岛星罗棋布、港湾纵横交错、生态环境绝佳而被确定为千岛湖的一级景点。登上梅峰观景台，可以纵览 300 余座大小岛屿，是千岛湖登高揽胜的最佳处。“不上梅峰观群岛，不识千岛真面目”，这是到过梅峰的中外游客对其群岛风光的一致赞誉。梅峰景区开发有：登高观岛、水上泛舟荡漾、逛果园、森林野趣游、缆车观光、梅峰滑草、梅开五福等特色旅游项目。景区内拥有丰富的特色景观：带香归、连理松、芸香园、兰花潭、双凤桥、紫沙坡、万枝梅海……具有“金龟背负一青松，雪压水沁她从容”之写照的迎客松更是堪称千岛湖一绝。

千岛湖还有许多岛屿别具特色，各具风趣。猴岛原名云蒙列岛，由十余座青翠的大小岛屿组成，中国科学院利用水困法，使这里成为名副其实的猴岛。上得岛去，与机灵的猴儿嬉戏一番，野趣十足。孔雀岛，坐落在千岛湖中心湖区与东南湖区交界处的界牌岛山，这里林木葱翠，空气清新，在此观孔雀开屏，赏孔雀群飞，看孔雀觅食，听孔雀欢叫，和成群孔雀合影。龙山岛古为浙西名胜，1959 年秋，由于新安江水库建成蓄水，龙山便成了龙山岛，岛上建有海瑞祠，飞檐翘角，从海瑞祠拾级而上，约行 500 级石阶小径可直达宁古钟楼。清心岛的山坡平缓，林木葱茏，很适合梅花鹿的放养和栖息，也适宜游人逗鹿拾趣。游人登岛进门，过凉庭，漫步林中，活泼可爱的鹿会立即前来欢迎。黄山尖位于东南湖区珍珠半岛，距千岛湖镇西园旅游码头 5 km，游艇行驶仅需 6 min，景区内碧波万顷，风光旖旎，岛屿千姿百态，疏密有致，宛如一串串珍珠洒落在湖面上。这许许多多、大大小小的岛屿各具特色，组合在一起，使得千岛湖具有千般乐趣，万般美景。

（四）新安江沿线

一江清水出新安，徽州华章续千年。一条蜿蜒的新安江跨越两百余公里山水，杭黄高铁拥江一路飞驰，从江南的雾霭炊烟中，驶入徽州的白墙黛瓦。新安江发源于安徽黄山，主体在徽州境内，是古徽州文明的摇篮。从历史深处逶迤而来的新安江，澄澈明净孕育了古徽州的钟灵毓秀，百转千回滋润了古徽州的曼妙婉约，天人合一积淀了古徽州的儒雅风度。“源头活水出新安，百转千回下钱塘。”千百年来，清清一江新安水情牵皖浙两省，造就了风景优美的千岛湖，是黄山和浙江人民共同的母亲河。她以中国独特的徽文化与自然风光、古建筑、古村落的美妙结合著称于世，一年四季，景色各异，似一幅流动的山水画卷。

1. 新安江山水画廊风景区

新安江山水画廊风景区位于黄山市歙县深渡镇，乘坐杭黄高铁从千岛湖站经三阳站、绩溪北站，抵达歙县北站，从歙县北站乘坐客运专线便来到新安江山水画廊风景区（图 2–10）。景区全长约百里，以中国独特的徽文化与自然风光、古村落的结合著称。两岸生态环境极佳，呈现“高山林、中山茶、低山果、水中鱼”立体生态格局，与掩映其间粉墙黛瓦的古村落、古民居交相辉映，新安江穿行而过，是画里青山、水中乡村，构成一幅美妙的山水国画，故称之为新安江百里画廊。泛舟游弋新安江上，伫立舟头放眼望去，只见两岸山岭逶迤，翠岗重叠，江流澄碧，水色如镜。“如逢春雨一夜泻，翌晨必遇氤氲天。”江上轻拂漫雾轻纱，渔舟点点；远山恰似海市蜃楼，若隐若现。此情此景宛如人间仙境。从古到今，文人墨客为新安江美妙的山水意境留下了无数赞美诗词，李白当年游罢新安江描绘道：“借问新安江，见底何如此。人行明镜中，鸟度屏风里。”

图 2–10　新安江山水画廊风景区

2. 新安江森林公园

新安江森林公园（图 2–11）原名白沙森林公园，是原林业部于 1992 年批准设立的省级森林公园，位于新安江与千岛湖的衔接地带，既有锦峰秀岭的新安江风光，又有浩渺的千岛湖景色，可谓江湖岛兼收并蓄。新安江森林公园由新安江景区、千岛、新安江水电厂等景点组成，新安江景区的自然景观特色以幽深的峡川景观为主，江面曲折，江水清澈，凉爽宜人，江雾多变。乘坐龙舟、竹筏漂流，置身美丽的峡川风光，随龙舟、竹筏顺江而下，可欣赏到“山深建德城”的淳朴风光，领略新安江“水清”“风凉”“雾奇”这景色三绝，有“人行明镜中，鸟度屏风里”之妙处。新安江森林公园最具特色的是森林植被，植物景观随时空变迁呈现出瑰丽苍翠的画屏。春日，万木竞秀，山花烂漫；盛夏，浓荫蔽日，凉气袭人；金秋，霜点丹叶，野果流香；隆冬，山峦素裹，林中犹绿。瀑布也是新安江森林公园的一大奇观，有的一瀑三节，有的多瀑相连成串，有的则呈扇形，真是千姿百态，美不胜收，最为奇者是一处名为“珍珠瀑”的瀑布，瀑高 30～40 m，峭壁上缀满了绿油油的苔藓，呈颗粒状滴滴坠落，远望如一串串晶莹剔透的珍珠泻落，颇为壮观。

图 2–11 新安江森林公园

（五）黄山风景区

黄山，中华十大名山之一，天下第一奇山（图 2–12）。位于安徽省南部黄山市境内，共有 72 峰，群峰叠翠，如潮堆涌，以天都峰、莲花峰、光明顶三大主峰为中心向三周铺展，跌落为深壑幽谷，隆起成峰峦峭壁，内又分为温泉、玉屏、白云、北海、松谷、云谷六大景区。黄山是安徽旅游的标志，世界文化与自然双重遗产，世界地质公园。黄山集名山之长，既有泰山之雄伟、华山之险峻，也有衡山之烟云、庐山之飞瀑，更有雁荡山之巧石、峨眉山之清凉，自古以来有“天下第一奇山”之称。风姿卓然的十大名松、玲珑奇巧的巉岩怪石、瑰丽壮观的云海雾气、可饮可浴的高山温泉堪称黄山美景四绝，待到云海雾涌时，嵯峨群山似断似连，影影绰绰，游客置身其中，恍若进入仙境，只见脚下云层翻滚，山峦微卷，其浩荡之致，令人叹为观止，让无数游人流连忘返。徐霞客曾两次游黄山，赞叹说：“薄海内外，无如徽之黄山。登黄山，天下无山，观止矣！”后人引申为“五岳归来不看山，黄山归来不看岳”。

黄山最出奇的是黄山松。黄山松是受当地独特地貌与气候影响而形成的一种松树变体，多生长在海拔 800 m 以上。当它的种子被风送到岩石裂缝中，艰难地发芽、生

图 2–12　黄山风景区

根后，黄山松遂会踞石为根，继续顺着崎岖山势缓慢而坚强地生长，迎霜傲雪，屹立不倒，人们都将其视为坚强意志的象征。黄山现有十大名松：迎客松、送客松、陪客松、盼客松、望客松、蒲团松、探海松、倒挂松、望泉松、贴壁松，株株俱显优雅姿态，登临高处，放眼满山，只见满目苍翠，根本无法计算奇松之数。其中，迎客松（图 2–13）是黄山的标志性景观，这棵古松生于海拔 1 670 m 处，破石而出，已有 800 年树龄，它全高 9.91 m，胸围 2.05 m，树干中部伸出长达 7.6 m 的两大侧枝，看上去似一位热情好客的主人伸出双臂欢迎远道而来的游客。

黄山千岩万壑，几乎每座山峰上都可见怪石。据考证，这些怪石的形成期约在 100 多万年前的第四纪冰川期。它们似人似物，似鸟似兽，形态各异，形象逼真，从远近高低各处看去，各有神韵。目前，有名可数怪石就有 1 200 多块，如“金鸡叫天门”“五老上天都”等。

但凡登上高山者都可见到云海。不过，黄山的云海更显美、胜、奇、幻。一年当中，这里的雾天有 200 多天，水气升腾或雨后雾气未消就会形成瑰丽壮观的云海。黄山处处遍布高峰、奇松、怪石，当它们隐没、穿梭在云涛雪浪里时，宛若孤岛扁舟。云海渐稀时又显得远处山影如画、近处云丝缭绕，说是黄山观云却恍如仙境观海。

黄山温泉也叫汤泉、灵泉，源出海拔 850 m 的紫云峰下，每天出水量约 400 t，

图 2–13　黄山迎客松

水温在 42 ℃左右，终年不息。冬季还有一大胜景，那便是黄山冬雪。黄山冬雪与松、石、云、泉巧妙结合，形成了独具风格的飞雪、冰挂与雾凇，引得无数游客披霜带雪前来一睹此景。

铁流如龙横架两岸，青山绿影旷人心田，潋滟湖水俯拾即是。“最美高铁”——杭黄高铁，串起了山水，串起了河湖；串起了清丽婉约的江南小镇和水墨画卷里的徽派古村；串联起桐庐、千岛湖、黄山等诸多著名旅游目的地。住在最美高铁沿线的人们，每日在诗情画意中穿行，与山水为伴、同星空共舞，应了那句“眼在诗中走，人在画中游”。

第二节　人文历史背景

杭黄高铁不仅是一条黄金旅游线，更是一条历史文化长廊。从杭州东站到黄山北站，杭黄高铁串联了江南美景和徽州古村，乘车时，不仅欣赏美景，更能感受诗意，感受文化。在这里，越剧和徽剧互相唱和，龙井与毛峰清茶淡话，杭菜与徽菜流霞对饮，丝绸与歙砚泼墨挥洒，最美高铁，美在画中，美在诗里，也美在历史的底蕴中。

一、历史文化名城杭州

杭州是杭黄高铁始发地，有着无比丰富的江南美景和历史文化，是中国八大古都之一，即吴越国和南宋王朝都城；也是我国著名的文化名城、“硅谷”圣地，历经良渚文化、吴越文化、南宋文化和明清文化；更是古代文人墨客的理想之地，白居易曾下江南写下“忆江南，最忆是杭州”，感叹“何日更重游”。山水文化和城市文化交映相辉，体现了杭州“精致和谐、大气开放”的人文精神。

（一）两朝古都

江上潮来鹰鹰射，陌上花开缓缓归——一文一武两个典故，说的都是五代十国时期吴越国的创建者钱镠。钱镠以杭州为首府，这是杭州历史上第一次成为都城，时为公元 907 年。

“钱王射潮”是浙江省的民间传说故事，相传钱塘江潮头既高，潮水冲击的力量又猛，因此钱塘江两岸的堤坝，总是这边才修好，那边又被冲坍了。“黄河日修一斗金，钱江日修一斗银。”由此可见那时潮水给百姓带来的灾害。钱王治理杭州的时候，民间相传钱塘江里面有个“水波恶”在跟钱王作对，只要等到海堤修得差不多的时候，他就兴风作浪，鼓起潮头，把海堤冲坍。后来，钱王致力于治理“水波恶”，见潮水来袭，令弓弩手张弓射潮（图 2–14），消灭“水波恶”，恶潮因此消弹，海堤才得造成。

图 2—14　钱王射潮

百姓们为了纪念钱王这次射潮的功绩，就把江边的海堤，叫作“钱塘”，后遂用“钱王射潮”来记载钱王的勇武之举。苏轼任杭州知县时作诗《陌上花》为钱镠记下了难得的韵事：“吴越王妃每岁春必归临安，王以书遗妃曰‘陌上花开，可缓缓归矣。’吴人用其语为歌，含思宛转，听之凄然。”在今天杭州西湖边，钱王祠已重新修建，楹联中不仅有“钱王射潮”之传说，更有“陌上花开”之意境。

杭城先是五代吴越国的首都，后是南宋王朝的建都地。赵构是宋徽宗第九子，靖康之变后，侥幸漏网的他在南京即位，因金兵追击，他渡江南下，于公元 1129 年在杭州置行宫，以示不忘旧都汴梁。直到公元 1138 年，宋徽宗才正式定都临安——即今日之杭州，为南宋的都城。

（二）文化圣地

杭州的历史文化积淀深厚凝重，先后历经了良渚文化、吴越文化、南宋文化和明清文化，至今形成完整的杭州文化。

在中华上下五千年的历史文化中，良渚文化是中华文化代表之一，主要分布在钱塘江流域和太湖流域，距今已有 3 700～5 000 年历史。良渚文化发展主要分为三个时期：石器时期、玉器时期和陶器时期。文字是社会文明进步的标识，良渚文化中玉器和陶器已经运用了少量单个或为数不多表示功能的刻画符号，被学者们称为“原始文字”。除此之外，良渚时期，人们已经摆脱一铲一耕的粗耕时代而率先进入了连续耕作的犁耕阶段，为当时社会的发展奠定了物质基础。今天，良渚文化遗址坐落于浙江省杭州市余杭区，包括瑶山遗址（祭天）、谷口高坝区（水利系统）、平原低坝山前长堤区（水利系统）、古城区遗址（生产生活及墓葬），总面积达 1 433.66 公顷，被称为“中华第一城”。

吴越文化也是汉文化的组成之一，以太湖流域为中心，涵盖了上海、江苏南部、浙江、安徽南部、江西东北部。吴越文化可分为两部分，即吴文化和越文化，越文化起源早于吴文化，但两者又是密不可分的。在西周时期，吴文化和越文化两者泾渭分明，而到了春秋时期，吴文化和越文化相互渗透，没有了地理上的隔阂，两地共用相同语言，生活习惯也日趋相同，形成了相互兼容的吴越文化。

南宋文化是指靖康之变后南宋王朝建立所盛行的文化。公元 1127 年，靖康二年，赵构在南京应天府即位，改元建炎，建立了南宋政权，后又迁都杭州，此后，南宋文化糅合了北宋文化和吴越文化孕育而生，其内容广泛，继承历史文化，又突破创新，形成了多元开放的文化格局。《南宋皇城图》将南宋文化体现得淋漓尽致，充分展现了杭州的欣欣向荣之景。

明清时期，杭州的政治地位有所下降，变为一级省会，但杭州的文化也在不断开拓创新。明清文化承蒙古新，却发展极为缓慢，尤其是清朝时期，我国进入高度封建主义社会，闭关锁国政策极大地减少了我国与外界的联系，文化创新是被动的，是被西方列强强行灌输的。但是，这也推动了我国文化的发展，明清时期的杭州，民营企业发展迅速，社会事态百相为文学创作提供了很多素材，在南宋戏剧的基础上，我国文人开创了许多通俗小说，包括长篇章回体小说、白话短篇小说，批判封建主义社会，揭露社会现状，极大地推进了我国历史文化的发展进程。

（三）文人贤士

“孤山寺北贾亭西，水面初平云脚低”，这是唐朝诗人白居易描摹的孤山景色。白居易年过半百时得以出任杭州刺史，他疏井浚湖、筑堤灌溉，著文写诗、歌咏西湖。“忆江南，最忆是杭州：山寺月中寻桂子，郡亭枕上看潮头。何日更重游？”“未能抛得杭州去，一半勾留是此湖。”“乱花渐欲迷人眼，浅草才能没马蹄。”白居易出任杭州刺史仅仅一年余，但他是历代写西湖诗歌最多的诗人，诗中充满了对西湖的挚念真爱。

另一位治理西湖、歌咏西湖的诗人是苏东坡，苏东坡两次出任杭州，先是做通判，后是做知州，他大刀阔斧疏浚西湖，用所挖取的封泥，筑成横跨南北的长堤——苏堤（图 2–15）。林语堂著《苏东坡传》，认为苏东坡一生最快活的日子是在杭州度过的，杭州是他的第二故乡。看东坡诗词，那是何等的旷达、飘逸，如果没有灿烂的心境，苏东坡是写不出“欲把西湖比西子”这璀璨诗句的。

图 2–15 苏堤

北宋著名词人柳永所见的杭城，是“东南形胜，三吴都会，钱塘自古繁华。烟柳画桥，风帘翠幕，参差十万人家……有三秋桂子，十里荷花。”南宋诗人杨万里看到的是夏日西湖“毕竟西湖六月中，风光不与四时同。接天莲叶无穷碧，映日荷花别样红。”陆游到杭州小住，写下了“小楼一夜听春雨，深巷明朝卖杏花”的诗句，如此清新隽永，体现处于忧愤中的陆游难得的愉悦心情。

近代“雨巷诗人”戴望舒，1905 年生于杭州一条悠长的“雨巷”——大塔儿巷。“撑着油纸伞，独自 / 彷徨在悠长、悠长 / 又寂寥的雨巷 / 我希望逢着 / 一个丁香一样地 / 结着愁怨的姑娘。”他写的《雨巷》，充满“杭味”，氤氲于江南意境里。

二、钟灵毓秀之地富阳

从杭州出发，乘坐杭黄高铁，23 min 可以抵达富阳站。富阳站依傍富春江，“天下佳山水，古今推富春”，这是对一脉灵气富春江的高度赞赏，更是对富阳之地绝佳地理位置的肯定。两千多年以来，富阳先后孕育了一大批杰出的历史名人，如三国东吴霸主孙权、元代大画家黄公望等，还有诸多文人墨客遍及全境，充分展现了富阳深厚的人文历史底蕴。来到富阳，我们可赏富春山美景、游孙权故居、观造纸艺术，来感受富阳的文化魅力。

（一）《富春山居图》与《新富春山居图》

《富春山居图》是浙西绘画文化的典型代表之一，为元代大画家黄公望所绘，以“钱塘江尽到桐庐，水碧山青画不如”的富春江作为背景，用墨清新淡雅，将桐庐的山和水布置得疏密得当，墨色浓淡干湿并用，极富于变化，被誉为“画中之兰亭”（图 2–16）。《富春山居图》所绘的漫长江水，历经千年，流过浅滩、激流、高峰。前面一段是夏天的描绘，充满了活力与激情，到后面一段，出现了秋天的景，树叶部分淡掉，略显黯然之意，全部用垂直的皴法，好像繁华落尽的感觉。

《富春山居图》是一张画，但更是一个哲学，是作者生命态度的体现。朝代兴亡、历史变迁这是亘古不变的真理，使创作者能够把积压了近九十年的亡国痛流泻于笔墨间，摆脱异族统治的痛苦，还原到山水里，不管朝代的兴亡，只是回来做一个简单自己，有“远山长、云山乱、晓山青”足矣。也就有画中的渔、樵、读书人的形象，隐

图 2–16　富春山居图（局部）

居于山林而忘于江湖。《富春山居图》是黄公望生命哲学的体现和个人愿景，是摒除世俗纷扰，归隐田园的感情寄托，那么《新富春山居图》就是对黄公望大师绘画精髓的承接，运用现代绘画手笔，通过季节变化描绘了富春江两岸的秀丽风光，生动形象再现了富春江的钟灵毓秀山水意境和中国城乡发展蒸蒸日上之景，是黄公望理想的“世外桃源”的现实体现。

（二）一代枭雄孙权

浩浩江南，风涌河山。自古以来，富阳都是一个精英荟萃、人才辈出的地方，三国时期东吴霸主孙权即是成就于此。位于富阳的龙门古镇（图 2–17），是孙权后裔人数最多的聚集地，村中 6 000 余人，孙姓后裔占比高达 90% 以上。古镇内保存着江南地区最完整而且极为罕见的明清时期的古建筑群，有宗祠、厅堂、民宅、石桥、牌楼，等等。龙门的老街和小巷的道路大多是由拳头大的鹅卵石竖着铺设的，没有了青石板的沧桑，多了一份鹅卵石的立体；不像其他古城那样地喧闹，这里有的只是安静和安逸。相传，古镇整体布局由孙权后裔等众多兵家以迷魂阵的格局建造而成。除了

图 2–17 龙门古镇

老街以外，镇中皆为长弄小巷，厅堂密布，巷道纵横，墙檐相连，房廊相接，走进古镇令人如坠迷宫，东西莫辨，别有一番情趣。古镇迷宫般的建筑格局含有深远的历史文化意义，无形之中，也为龙门古镇增添了一份神秘色彩。在古镇中央有一处砚池，叫作砚池夜月，砚池旁边塑着一少年，手握一支笤帚般的毛笔，在地上写了个“龙”字，似乎在告诉游人，孙家祖辈不但武艺高强，而且文韬也出众。

（三）造纸之乡

造纸术，中国四大发明之一，经东汉时期蔡伦改造，造纸术从中国走向了世界，在历史变迁中，造纸术促进了人类文明的发展；在中国四大发明中，造纸术影响最为广泛，意义更为深远。浙江富阳，是闻名中国的“土纸之乡”，其造纸艺术源于南宋时期，也是“谢公笺”创制人谢景初的故乡，造纸历史已有一千九百多年。富阳主产竹纸，质地柔软、舒展自如，不为虫蛀。它的原材料主要为嫩毛竹，包括制浆、造纸等 72 道大小工序，有将近 20 种类别的纸，如元书纸、京放纸、高白、海放、花笺等。现在产的富阳竹纸，除继承了传统的造纸技术，还加入了许多独特的技艺，如制浆技艺中的人尿发酵法，抄制技艺中的荡帘打浪法等。

富阳造纸技艺的传承，也是文化的传承。古书记载“富阳一张纸，行销十八省”，相传，宋朝一位名叫谢富春的大臣常用富阳赤亭纸呈书皇帝，皇帝见所呈纸张颜色洁白、墨迹清晰很是惊讶，当他问明该纸的出处后，立即将“富春赤亭纸”御封为朝廷公文和科举考试用纸，说明富阳造纸技艺中蕴藏着厚重的历史文化内涵。

三、潇洒文明之邦桐庐

离开富阳站，杭黄高铁继续向西南方向前行。“三吴行尽千山水，犹道桐庐更清美。”列车窗外青山葱翠、绵延起伏，富春江江水清澈见底、碧绿如蓝，蜿蜒于两山之间，沉醉于沿线优美的景色，转眼间便来到了桐庐站。桐庐发展至今，已有一千七百多年的历史，积淀了深厚的历史文化，是一个奇山异水之地，自古被赞为“潇洒桐庐”，素有“钟灵毓秀之地、潇洒文明之邦”的美誉。有华夏中药鼻祖桐君老人在此采药结庐、悬壶济世，也有东汉高士严子陵曾在这里隐居垂钓，同时，以“雪水云绿”为代表的桐庐茶散发的阵阵清香令人沉醉不已！

（一）桐荫问道

《桐荫问道图》由清代画家华岩于1727年所绘，图中人物虽未明记“桐君”二字，但不难看出其中桐君端坐桐树荫处，前方有老、幼二人向桐君拱手相求指点医药场景。桐君，是中国古代最早的药学家，黄帝大臣，擅长本草。据传，他在富春江畔，采药结庐，悬壶济世，分文不收，人们问其姓名，他也不留名，指桐为名，所以乡人都称他“桐君老人”，山为“桐君山”，县则称“桐庐县”。《桐荫问道图》描绘的是“桐君老人”看病救人的场景，更是对他的歌颂与赞赏。由此可知，桐君深受世人敬仰，流传千古。

（二）高风亮节之士——严子陵

严子陵年少就很有才气，是汉光武帝刘秀的同学，两人结交甚深，互为知己好友。后来刘秀登上帝位，他求贤若渴，深知子陵才华横溢，又是昔日故友，对严子陵甚是思恋，就下令按照他的相貌在全国查访他，齐地报称有一男子披着羊裘在泽中垂钓，刘秀猜测可能是严子陵，便立即派人带了聘礼，备了车子去请，一连请了三次，并亲自致书云：“古大有为之君，必有不召之臣。朕何敢臣子陵哉！惟此鸿业，若涉春冰，譬之疮痏，须杖而行。若绮里不少高皇，奈何子陵少朕也！箕山颍水之风，非朕所敢望。”严子陵实在推诿不过去，来到了洛阳。此时，已经位极丞相的侯霸得知严子陵的到来，他知道汉光武帝对其十分信赖，不敢怠慢，马上派人携书问候，严子陵知道侯霸真实意图，看到了官场的阳奉阴违，宁可抛弃荣华富贵，也要回归田园，过平平淡淡的生活。刘秀再三劝说，并多次征召，严子陵不为所动，改名换姓，终老故里。

“高风亮节”高在淡泊名利，不为金钱名利所困扰；高在不慕富贵、不媚皇权、不矫情做作，特立独行；高在不受调遣，追求自由；高在放荡不羁，轻狂而不失礼貌，严子陵的高风亮节为后世所传颂。

（三）桐庐茶文化

“潇洒桐庐郡，春山半是茶”，桐庐种茶、产茶、饮茶，桐庐的茶文化历史久远，源远流长，早在三国时期，就有“武昌、庐江、晋陵好茶，而不及桐庐”，一代茶圣陆羽在《茶经》中也有“睦州茶生桐庐峪”的记载。桐庐茶文化底蕴深厚，在两千年的栽茶、制茶、饮茶、艺茶历史中，桐庐人茶相融，人茶相育，涌现了一大批事茶之人，茶文化积淀极其深厚，独树一帜。“女采茶、男炒茶”“客来敬茶”“泉水焙茶”的桐庐茶俗茶礼和茶艺无不折射出精致和谐的人文内涵和璀璨深邃的茶饮文化，茶与百姓的生活和人们的交往有着千丝万缕的不解之缘。桐庐茶文化的表现形式千姿百态，以茶为题材的诗词、古典、故事争妍斗奇，各类茶楼、茶馆、茶室随处可见。

桐庐茶之名在于水，夏日里，一壶凉茶，沁人心脾。而最让人印象深刻的当是雪水云绿，此茶乃桐庐名茶，生长在云雾缭绕的高山上，故称“雪水云绿”，就如它的名字一样，蕴含了“雪的高洁，水的清灵，云的潇洒，绿的和谐”。雪水云绿形似银剑出鞘，茸毫隐翠，汁色嫩绿明亮，清香甘甜。当代书僧月照诗云：“雪山高万丈，泉水飞龙潭。天堂云雾露，孕育嫩绿香。”将雪水云绿在无色透明的玻璃杯里冲泡，眼睛盯着它，芽芯上下浮动，起初看起来像一只鸟在玩珠子，然后看起来像一千个在水底的山峰。绿色花蕾直立，汤色嫩绿明亮，一缕缕白雾，芳香扑鼻。举杯啜饮，渐渐地，你会感到神清气爽，心陶醉。

四、特色魅力之城建德

出了桐庐站，杭黄高铁跨过富春江后，就进入了桥隧相连的群山中，行驶 14 min 后便到达位于建德市杨村桥镇的建德站。“移舟泊烟渚，日暮客愁新。野旷天低树，江清月近人。”这是唐朝大诗人孟浩然《宿建德江》的诗句，描绘的建德江就是新安江从安徽省进入建德市这一段。建德历史悠久，文化底蕴深厚。南北朝的谢灵运、沈约，唐朝的孟浩然、李白、刘长卿、杜牧，宋朝的范仲淹、苏轼、陆游等等诗坛大家，或任职，或游历，都曾在这里写下了名篇佳作。同时，作为中华文明发源地之一，建德至今依旧完好地保有一大批物质与非物质文化遗产。无论是象征荣耀和地位的严州“半朵梅花城”，还是新中国建立的第一座大坝新安江大坝，都是那么令人陶醉和痴迷。

（一）天下梅花两朵半，独有半朵在梅城

梅城镇是建德市东部的一个千年古镇，位于富春江、新安江、兰江三江汇合处，北靠乌龙山，南临三江口，依山傍水，风景优美（图 2-18）。梅城是古严州府治所在地，严州府历经明、清两朝，有六百多年的历史，辖区上扼杭州，下开衢州、金华，

是浙江西部的战略要地。因古严州府城墙沿江一段雉堞砌筑成梅花形，素有“天下梅花两朵半，北京一朵，南京一朵，严州（梅城）半朵”的美称。

梅城作为睦州、严州州治及建德县治所在地，其历史文化深厚，著名文人刘长卿、杜牧、范仲淹、陆游都曾在此任职为官，诗人谢灵运、孟浩然、李白等都曾游历过梅城山水。先贤们深深陶醉于梅城山水，吟诗作赋，为梅城留下了一份珍贵的文化遗产，其中影响最大、最令州人怀念的地方官首推范仲淹。宋仁宗景祐元年（1034年），范仲淹因反对废郭后而贬任睦州知州，在睦不过半年，修学校、办书院，为睦州人民做了许多实事。范仲淹贬居睦州时由严子陵联想到自己，建严先生祠，写下了《严先生祠堂记》，成为古今传颂的名篇，其中“云山苍苍，江水泱泱，先生之风，山高水长”之句已成为借严陵山水描写先生高尚品德的经典名句。“先天下之忧而忧，后天下之乐而乐”的精神是范仲淹留给后人最大的精神财富，他的以教育为本带动行政管理的施政方略，直到今天仍然有着重大意义。20 世纪 90 年代，梅城古镇竖起了思范坊，范仲淹的形象已经深深融入严州的山水大地，受到人们历久弥新的敬仰和怀念。

图 2–18 梅城古镇

（二）新安江大坝

新安江水电站位于浙江省杭州市建德市原铜官镇附近，在钱塘江支流新安江上，距杭州市区 170 km（图 2–19）。新安江水电站是我国水利建设史上的一座丰碑，作为我国第一座“三自”（即自己设计、自制设备、自行建造）电站，其反映了 20 世纪 50 年代中国水电建设的风雨历程。该电站于 1956 年 8 月开始施工准备，1965 年 12 月竣工。广大电站建设者在当时经验缺乏、施工设备不齐全的情况下，坚持“独立自主、自力更生”的方针，同心协力，克服种种困难，创下了大型水电站施工的高速度。新安江水电站自投产发电起，即一直担负着华东电网的调峰、调频和事故备用任务，不仅已获得巨大的经济效益，在华东电网的稳定和安全运行、提高电能质量、促进电网范围内的工农业生产和满足人民生活用电需要等方面，也都发挥了重要的作用。

为建设新安江水电站，淳安、遂安两县人民做出了重大牺牲。淳安县境内的 13 个村于 1957 年 3 月 10 日开始首批移民，至 1971 年 6 月，淳安、遂安两县共淹没 49 个乡镇、1 377 个自然村，移民累计 29.15 万人。水电站的建造使新安江截流成湖，

图 2–19　新安江大坝

正常水深都达到了 37.5 m，淹没了淳安、遂安人民原先赖以生存的故乡，原先的小山都变成了如今的一座座小岛，从空中俯瞰，像是颗颗珍珠散落在万顷碧波。新安江水电站丰伟的建设历史需要被铭记，为水电站的建设背井离乡、做出重大牺牲的移民同样需要被铭记！

五、人文荟萃之地淳安

过了建德站后，杭黄高铁呈约 90° 折角转向西北方向，进入连续的隧道中，穿越绵绵山脉，来到浙江省内的最后一站——千岛湖站。千岛湖站位于淳安县境内，是全国首个以景区命名的高铁车站。“半亩方塘一鉴开，天光云影共徘徊。问渠哪得清如许？为有源头活水来。”这是宋代理学家朱熹在淳安讲学时，于瀛山书院留下的著名诗句。淳安历史悠久，文化底蕴深厚，淳安建制始于东汉建安十三年，距今已有 1 800 多年的历史，是徽派文化与江南文化的融合地。从贺齐建县、方腊起义、海瑞理政等历史典故，到产业特色巨网捕鱼、民风民俗淳安竹马、民间艺术八都麻绣等，乘坐杭黄高铁来到淳安，让我们探寻淳安历史千年记忆，感受其绚烂的地域特色和文化底蕴。

（一）贺齐建县

贺齐，会稽（今绍兴）人，他胆识超群、勇猛过人、英勇善战、深有谋略，是淳安县的建县鼻祖。东汉末年，魏、吴、蜀三足鼎立、争夺天下，孙吴为巩固长江以南的后方基地，多次出兵仍未征服山越人，故遣威武中郎将贺齐出征。

当时古威坪汉风日盛，贺齐首先在这里建始新县，安营扎寨。其时黟歙山越人仍顽强抵抗，屯守林历山。林历山四面壁立，高数十丈，道路危狭，地势险要，不容刀盾，贺齐官兵久攻不下。贺齐趁夜色亲自察看地形，选择山越人不备的隐蔽之处，精选轻捷、勇猛之士兵，乘夜以铁戈斩山为梯潜爬上山，再用垂布以援下人，士卒兵勇攀缘而上，乘其不备偷袭，且四面俱鸣鼓角，呼号雷动，山越头领和士兵深夜突闻鼓角喊声，惊惧慌乱，不知所措，最终贺齐大获全胜。

黟歙完全平定，贺齐上表孙权，分歙县（今安徽徽州）东之叶乡置始新县，是为淳安置县之始。后克黟、歙全境，遂析黎阳、休阳和新定三县，并黟、歙、始新共六县，另置新都郡，以贺齐为太守。贺齐在平定山越的战争中立有大功，身经百战，所向披靡，旧时淳安县城（贺城）建东、西二庙，塑有贺齐像，人称“贺老爷”，岁岁祭祀。

（二）方腊起义

睦州青溪人方腊，相传其为漆园主，性情豪爽，深得人心，能号召很多生活困苦的农民。当时宋朝官员压榨人民，赋役繁重，“人不堪命，遂皆去而为盗”。百姓怨声载道，方腊趁百姓不满之机，把贫困失业的人组织起来。宣和二年（1120年）十月，方腊率众起义，自称圣公，建元永乐，设置官吏将帅。不到十天就有数万人参加起义，在息坑打败并杀死宋将蔡遵。

宣和二年（1120年）十一月义军攻占青溪，十二月攻占睦、歙二州，南面攻克衢州，杀死郡守彭汝方，北面横扫新城、桐庐、富阳各县，进逼杭州。宰相王黼为了粉饰太平，故意隐匿不报，义军力量得以日益发展壮大，东南震动。发运使陈亨伯请求朝廷调禁兵及鼎、澧两州的枪牌手兼程赶往镇压，防止义军势力扩大。宋徽宗这才知道前线战局不利，十分惊慌，赶紧派童贯、谭稹为宣抚制置使，率禁军及秦、晋二地蕃、汉兵共十五万前往东南。宣和三年（1121年）正月，方腊部将方七佛率六万人攻打秀州，统军王子武据城固守。不久，宋军到来，合兵一处攻打义军，杀义军九千人，义军退守杭州。二月，宋军水陆并进，进攻杭州，方腊连夜逃离杭州，宋将相继率兵赶来，收复了所有被义军占领的城池。四月，方腊及妻子邵氏、儿子方亳、宰相方肥等五十二人在梓桐峒的石涧中被俘，义军七万人被杀。方腊被擒后，被押解京师，于八月二十四日被处决。

方腊领导的起义是北宋末年规模最大的一次起义，他统率数十万起义军，攻占了两浙地区的六州及附近数十个县。起义镇压了一批贪官污吏和地主土豪，从而沉重地打击了宋朝地主阶级在东南地区的黑暗统治，虽未能从根本上动摇北宋王朝的统治，但却严重削弱了北宋的国力，加速了它的灭亡。

（三）海瑞理政

海瑞（1515—1587），字汝贤，自号刚峰，广东琼山（今属海南）人，明朝著名清官，历任知县、州判官、尚书丞、南直隶巡抚、南京都御史等职。明代嘉靖三十七年（1558年）五月，海瑞从福建南平教谕升任为淳安知县。当时淳安山多地瘠民贫、赋役负担不均，百姓不堪忍受、逃亡者过半，海瑞与随从轻装步行，走村串户、体察民情，由此为后世留下一段“徒步上任”的佳话。海瑞一上任就着手改革旧规陋习，为减轻百姓负担、体恤乡民疾苦，他亲自制定耗银，严禁县衙借公差吃喝、贪赃枉法；为补贴家用，海瑞常与仆人一道种植稻麦、蔬菜，或上山打柴以自给；海瑞重视刑狱，注重调查研究，重证据和人情事理，为本县和邻县平反许多冤狱。海瑞为政清廉，洁身自爱，从不谄媚逢迎，一生忠心耿耿，直言敢谏，抑制豪强，安抚穷困百姓，打击奸臣污吏，因而深得民众爱戴。

（四）巨网捕鱼

千岛湖水被誉为“天下第一秀水”，湖中鱼类达 13 科 83 种，鳙、鲢、草鱼齐全，还有鲌鱼、鳜鱼、鳗鱼等名贵鱼种。千岛湖巨网捕鱼是开展淳牌千岛湖有机鱼捕捞生产过程的最后一个环节，即运用“拦、赶、刺、张”联合渔具渔法，把拦网、刺网、定置张网有机结合起来使用，通过拦网、刺网对鱼群的包围、截拦和驱赶，最后迫使被包围鱼群进入定置张网，从而达到集中捕鱼的目的，是我国水库捕捞的主要方法（图 2–20）。该渔具渔法于 1962 年开始在千岛湖首创，1964 年试验成功并向全国推广。千岛湖巨网捕鱼单网次捕捞最高产量达到 305 t，捕捞的最大青鱼达 75.5 kg。目前，千岛湖巨网捕鱼已成为生态旅游观光中的一绝，吸引了众多国内外嘉宾前来观赏，巨网捕鱼已成为千岛湖旅游的金名片。

（五）淳安竹马

淳安竹马（图 2–21）始于南宋，俗称跳竹马，是主要流行于浙江淳安一带的传统舞蹈。竹马分红、黄、绿、白、黑五种，常由三男两女或两男三女组成，以古装人物装扮，跳、走（阵）、唱、念俱佳，步伐独特，具有较高的艺术审美价值和鲜明的地域特色，是我国传统舞蹈尤其是竹马类舞蹈最具代表性的项目之一。竹马头马为红马，由戏剧须生扮跳，表演沉着稳健；二马为黄马，由戏剧青衣扮跳，表演冷静庄重；三马为绿马，由戏剧小生扮跳，表演潇洒风流；四马为白马，由戏剧花旦扮跳，表演婀娜多姿；五马为黑马，由戏剧小丑扮跳，表演剽悍勇猛。人物的服色可因地而宜，有刘备、关羽、张飞与刘备两位夫人的装束；也有根据方便，竹马小戏演出不改装而直接穿戴剧中人的服饰。近几年来，淳安县政府和县文化主管部门加大了淳安竹马的

图 2-20　巨网捕鱼

图 2-21　淳安竹马

普及和推陈出新的力度，广大群文工作者对竹马进行了大胆的改革和创新，直至发展到今天的大型广场竹马舞。表演少则几十，多则上百人，气势宏大，舞姿多彩，场面壮观，气氛热烈，乡土气息浓郁，使这一具有浓郁地方特色的民间艺术得以焕发光彩。

（六）八都麻绣

八都麻绣既是一门艺术，也是一种文化，主要分布在淳安县王阜、严家两乡，旧名“八都源”。据民俗学者考证，它大约出现在三国时期，古时山越人为避战乱躲入深山，他们绩麻纺线，用麻布做衣服，并在麻布上挑花绣朵，增添美感，因此八都麻绣又称“山越麻绣”。后来随着社会发展，用象形写意的手法开始在麻布上绣花。通过一根根的麻线绘织出各种各样的花纹图案，有象征家有喜事的“喜鹊登梅”，有祝福送旺的“凤串牡丹”，还有寓意爱情圆满的“鸳鸯戏荷”等等，有些图案世代相传，成为当地成年男女的重要衣饰品，并成为当地女孩的传统嫁妆，这些世代相传的纹样图案无不体现八都人对美好生活的无限期许以及当地的人文特色（图 2–22）。

图 2–22　八都麻绣

六、地灵人杰小镇三阳

从江南的乌尔炊烟中，列车一路飞驰，驶入徽州的白墙黛瓦。“徽”字里面有山，有糸，有人，有文，今人拆分“徽”字，才知道里面的意境之美，美到他处风景黯然。列车越浙皖交界的天目山山脉，来到位于安徽省黄山市歙县三阳镇的三阳站。三阳镇位于歙县南部，地处浙皖交界处，坐落于美丽的国家级自然保护区清凉峰脚下，是黄山市规划的中心乡镇，被著名文学家郁达夫、林语堂喻为“东方小瑞士”，南宋范成大路过三阳时曾写诗《王千岭》：“山灵设险合峥嵘，行客何须向此行。羸马不前人雨汗，此身安得讳劳生。”

三阳历史悠久，景色怡人，地灵人杰，是徽杭线上闻名的民俗文化之乡，也是著名京剧演员、“阿庆嫂”的扮演者洪雪飞的故乡。久负盛名的民俗文化活动有叶村的“叠罗汉”、中村的“舞狮灯”、三阳的“打秋千”。明清建筑叶村洪氏宗祠（县级重点文物保护单位）、敬本堂等集古徽州砖雕、木雕、石雕艺术于一身，堪称徽州建筑艺术的宝库。

三阳每逢农历闰年三月择吉日会进行一次观音祭，俗称接观音、观音会。一般选在农历三月十三、十五或十八。若选在十八日，其头天十七日，全村男丁就要举行迎神活动，鼓乐鸣爆，放三门铳，旗幡蔽日，并进行驮站肩、打秋千、地戏，迎神于观音阁。将观音菩萨请出游村后接到梅溪洪氏宗祠。正厅叙伦堂设有观音神座，祠门内以及大厅两侧回廊上下，全是四大金刚、十八罗汉、二十四诸天的纸扎造像，并张挂写有“座上莲花，占断西湖三月景；瓶中杨柳，分来南海一枝春”和“紫竹林中观自在，白莲座上见如来”等联语的观音幡。第二天十八日临期经僧道诵经仪式后举行游村活动，再将观音菩萨送回观音阁。游村时有三阳及其他村加入的清道旗、飞虎旗、头幡、蜈蚣幡、紫竹观音幡、锅头幡上百杆；有铜锡制的金瓜、银斧等十二件（半副）銮驾仪器；有三十六把天平铳（其他村的）、喇叭、钟磬、大锣细鼓；有抬着去毛的整猪（刚鬣）、整羊（柔毛）等祭品（即刚鬣、柔毛、粢盛，配瓣香、束帛、清酌、庶馐之仪）。游村队伍浩浩荡荡，有僧道尼诵经队伍，长者行香队伍，金童摆对队伍及狮子、地戏、秋千、驮站肩，气势宏大、隆重热烈。其间家家户户到观音阁烧素香、素纸，燃点素油灯，供素祭品。

七、徽州文化之源绩溪

列车从三阳站出发向西北方向继续行驶 11 min，便来到了位于安徽省宣城市绩溪县的绩溪北站。绩溪历史悠久，从已发现的新石器时代遗址来看，早在 6 000 多年前就有人类在此生息繁衍。绩溪因水得名，“绩”，有缉麻线的含义；“溪”，为山间流水。从地理渊源来看，绩溪是徽文化的重要发祥地，有绩溪徽商、富有特色的绩溪徽菜，还有一代代绩溪名人，绩溪可以称得上“徽州之源”。

（一）绩溪徽商

徽俗有这样一种说法：“人十三在邑，十七在天下”，意思是十三岁还可以待在家乡，十七岁就要出去经商、学做生意，这是古时候大部分徽州人的人生写照。绩溪是著名的徽商故里，其所经营行业多、分布广，主要经营的有徽墨、茶叶、菜馆、国药、土货等等。

徽商在北宋时期开始孕育和萌发，于明代中晚期渐趋活跃、日益兴旺，到了明末清初时达到全盛，臻于巅峰，无论是从业人数、活动范围，还是经营领域、资本数额，当时都位居全国各商帮的首位，一度称雄数百年。作为中国商界的一支劲旅，徽商自古以来不辞劳苦，行走天下，活动踪迹几乎遍及华夏各地，所谓“山陬海澨，无所不至”，特别是在浙江、山东、江苏、安徽、福建和江西等地，一直都有“无徽不成镇”的说法，当时他们的行踪甚至远至日本和暹罗等东南亚各国。

徽商从儒家文化中汲取养分。他们不囿于成见、敢为人先、以德治商、相互扶植，始终恪守“诚信为本、以义取利”的经营理念，与晋商、浙商、粤商共同构成中国古代四大商帮。徽商在长期的经商实践中逐渐形成了被社会普遍认可的道德操守和价值取向，有“徽骆驼”“绩溪牛”之美称，他们从崇山峻岭走来，谋食四方，富裕之后，就积极做善事，回报社会。凡赈灾济困、修桥筑路、救困扶贫、育婴办学等善事义举他们都慷慨解囊，积极热心地奉献公益事业。

（二）绩溪徽菜

绩溪县是徽菜的发源地，绩溪县徽厨为徽菜文化做出了巨大的贡献，使徽菜变得丰富多彩。徽州菜系的形成，与绩溪特定区域的地理环境、自然条件、文化背景、民间风俗及社会状况有着密不可分的关系。

绩溪地处安徽南部，东部毗邻浙江省，境内地貌以山地、丘陵为主，山间谷地面积不大，中低山及丘陵占全境面积的 90.6%。具有种类繁多的可食性植物、动物等，丰富的物产资源为徽菜的形成创造了条件。绩溪山民成年累月居住于崇山峻岭，历来均以农林业谋生，要比平原地带的住民耗费更多的体力。为此，山民们在日常饮食中，比平原地区需要补充更多的盐分，绩溪徽菜口味也就偏咸。且绩溪山民有用木炭烧火做饭的习俗，在菜肴的烹调中，以木柴旺火快炒，抑或以木炭文火慢炖，地方土菜具有“重油、重色、重火功”原始特点。“赛琼碗”是绩溪著名的民俗活动，它既是一次酬神活动，又是一次民间美味佳肴的博览会。“赛琼碗”活动的举办不仅向人们展示了绩溪人优秀的烹饪技术，还培养了一位位优秀的民间烹饪师。

（三）绩溪名人

绩溪自古就有“邑小士多、代有闻人”的美誉，涌现出一批在社会历史进程中颇具影响力的著名人物，在政治、经济、文化等诸多领域发挥重要影响。如明朝抗倭名臣、兵部尚书胡宗宪，徽墨制作大师胡天注，著名茶商胡炳衡；近代著名学者、新文化运动倡导者胡适，中国第一位女农学家曹诚英；现代有国家领导人胡锦涛，两院院士洪德元、章基嘉、鞠躬、方荣祥等等。

八、中国歙砚之乡歙县

列车离开绩溪北站转向西南方向行驶，再次进入歙县。于歙县北站下车，步入歙县，既仿佛踏入清丽的山水画廊，又仿佛走进古典建筑艺术的博物馆。歙县是徽州文化的发源地，也是文房四宝之歙砚的主要产地，先后被授予“中国歙砚之乡”“中国牌坊之乡”“徽剧之乡”等荣誉称号，中国四大古城之一的徽州古城坐落其中。

（一）歙砚之乡

歙砚（图 2–23），全称歙州砚，因产于歙州而得名，与甘肃洮砚、广东端砚、黄河澄泥砚齐名合称为“中国四大名砚”，2004 年 9 月中国轻工联合会和中国文房四宝协会授予歙县“中国歙砚之乡”荣誉称号。

歙砚享有“孩儿面”“美人肤”之称，又具有不吸水、不拒墨、不损毫、贮水不涸、易洗涤等特点，历代文人、书画家、诗人对其赞美甚多。“金星宋砚，其质坚丽，呵气生云，贮水不涸，墨水于纸，鲜艳夺目，数十年后，光泽如初。”这是大书法家米芾在《砚史》中对歙砚的盛赞。苏东坡求得龙尾砚特作《龙尾砚歌》，并写了《眉子砚歌》等诗文，他的《孔毅甫龙尾石砚铭》对龙尾砚见解精辟：“涩不留笔，滑不拒墨，瓜肤而縠理，金声而玉德。”诗人、书法家黄庭坚曾到龙尾山一游，写下了《砚山行》：“不轻不燥禀天然、重实温润如君子。日辉灿灿飞金星，碧云色夺端州紫”。数位文学大家对歙砚的夸赞与喜爱，足见歙砚品质之优良。

图 2–23　歙砚

（二）中国牌坊之乡

歙县被誉为“中国牌坊之乡”，棠樾牌坊群就是其中的代表（图 2–24）。棠樾牌坊群位于歙县棠樾村东大道上，距歙县县城约 6 km，为明清时期古徽州建筑艺术的代表作。棠樾为鲍氏家族的聚居地，该家族自南宋建炎年间迁此定居，绵延了 800 余年。棠樾牌坊群以“忠、孝、节、义”为核心，由两头向中间依次排列，呈半弧形，自西向东依次为鲍灿孝行坊、慈孝里坊、鲍文龄妻汪氏节孝坊、乐善好施坊、鲍文渊妻节孝坊、鲍逢昌孝子坊、鲍象贤尚书坊。前面三座为明代牌坊，后面四座为清代牌坊，七座牌坊庄重威严，鱼贯而立，每一座牌坊都有一个动人故事。每座牌坊的结构布局都采用中轴对称手法，具有稳重感，视觉的焦点处精心雕刻加以强调。

棠樾牌坊群体现出“忠、孝、节、义”的古徽州人伦理道德、宗法思想，其作为历史的见证，对研究明清时代的政治、经济、文化及建筑艺术和徽商的形成和发展具有极其重要的价值。棠樾牌坊这些古牌坊不仅给后人留下了宝贵的精神财富，也留下了文化艺术和建筑技术等方面的宝贵遗产。

图 2–24　棠樾牌坊群

（三）徽州古城

徽州古城，又名歙县古城，古称新安郡。位于安徽黄山市歙县徽城镇，总占地面积 24.7 km^2（图 2–25）。古城始建于秦朝，自唐代以来，一直是徽郡、州、府治所在地，故县治与府治同在一座城内，形成了城套城的独特风格。徽州古城是中国三大地方学派之一的“徽学”发祥地，被誉为“东南邹鲁、礼仪之邦”。徽州古城最宏伟的建筑莫过于被称作徽州“故宫”的徽州府衙，隋义宁年间（617–618 年），越国公汪华即迁于此。南宋绍熙年间（1191–1194 年），州衙毁于大火，随后重建。明初，卫国公邓愈改为行枢密院，洪武三年（1370 年）复为府治。2009 年，按照明弘治年的建筑规制，采用“原工艺、原材料、原规制”的模式在原地址对徽州府衙进行了修复。

图 2–25　徽州古城

徽州府衙整个建筑群气势恢宏，古色古香，延续了明清时期的徽派建筑风格。府衙有仪门，在迎接朝廷圣旨、上级大臣和举行重大仪式时打开。穿过仪门，呈现在眼前的就是左、右厢房，左右各三间，是官员办公的地方。仪门的正前方是整个府衙的核心——正堂，正堂又称公廉堂，是知府发布政令、举行庆典、审理重大案件的地方，庄严肃穆，台阶两边的石狮诠释着威严。正堂的建筑设计辉煌宏伟，双人合抱的山楂木柱子、冬瓜梁、斗拱、屏风，乃至寓意吉祥的祥云、福寿图案，全都体现了徽州古建筑的风格，让人叹为观止。正堂两边有宽敞的左右回廊，环境优雅静谧，是古代官员休闲的地方，清澈的池水映衬着亭台楼阁，悠闲的鱼儿在水中自由地嬉戏，透过天井，看白云描绘蓝天，听清风浅唱低吟，乐在其中。俯瞰徽州府衙，粉墙黛瓦，错落有致，宏伟壮观，气势磅礴，展现了徽州古典建筑的魅力。徽州府衙与阳和门、南谯楼、古城墙、许国牌坊等融为一体，成为歙县古城最具代表性、最具震撼力的古建筑群。

（四）徽班与徽剧

“无徽不成镇，无徽不成班”。徽剧（图 2–26）是一个多声腔的剧种，通过吸收、融合优秀古老剧种的艺术精华逐渐演化而来，徽班以明、清时期徽商蓄养的“家班”而闻名。它是一个独特的文化现象，包含戏曲剧种、演艺班社和徽文化传承多种含义。

图 2–26　徽剧

明代中叶，南戏诸腔中“昆山腔”“余姚腔”“弋阳腔”传入安徽徽州、池州、安庆等地区后，很快与民间徽音俚语相融合，产生了以“滚唱”“滚白”为特征的“徽州腔”“池州腔”“四平腔”“昆弋腔”，合称“徽池雅调”。其调一出，风靡各地，争相传唱，出现了“天下时尚南北徽池雅调”之盛况。明末清初，随着徽班演出的扩大与流动，徽班艺人对“昆曲”“青阳腔”“昆弋腔”和“西秦腔”等诸腔取其精华，不断“创调而歌”，于是在徽班、徽调中又衍化出了“吹腔”“拨子”和“二黄”等主体唱腔。从此，徽班、徽调、徽戏开始以一个独立剧种走向成熟、独步剧坛。十八世纪（1790 年）“徽班进京”，揭开了京剧史的序幕，还推动了各剧种在北京这个特定地域和人文环境中的相互吸收与相互竞争，催生了昆、梆、徽、汉诸腔纷呈的繁荣局面。徽班和徽剧对中国戏剧史的发展产生了重要的影响，通过徽汉合流、皮黄交融，从徽班内部形成了向京剧的嬗变。

九、卧虎藏龙之地黄山

杭黄高铁的终点站是黄山北站，黄山市位于皖浙赣三省结合部，群山环抱之中，古代徽州历来有“山深不偏远，地少士商多”之说。每当中原战乱之秋，这里就成了藏龙卧虎之地，它既是乱世的世外桃源，又是治世的人才宝库，新安理学、新安画派、新安医学等影响深远，徽派茶道源远流长，西递宏村古村落让人流连忘返。

（一）新安理学

新安理学形成于南宋，在中国思想史上发挥了重要影响，因为在新安传播和影响尤深，世称“新安理学”。宋朝时期，徽籍二程兄弟（程颢、程颐）发端新安理学，继而同为徽籍的大思想家朱熹为集大成者。二程、朱熹的祖籍均是徽州，因此徽州也被誉为“程朱阙里”。

以朱熹为代表的新安理学，对传统儒学进行了重新建构。通过引入“理气”概念，深入阐释了“理”“气”关系，认为“理”是宇宙万物之源，也是宇宙万物最为根本的原因、法则和规律，“至于天下之物，则必各有其所以然之故与所当然之则，所谓理也”（朱熹《大学或问》卷一），“万物皆有此理，理皆同出一源”（《朱子语类》卷十八）。朱熹的“理气”论从根本上解决了传统儒家“天人合一”这一核心思想一直存在的本体论缺陷，儒家“天人合一”学说才获得了哲学意义上的本体论、认识论和方法论的统一。朱熹广收弟子，亲自讲学，门生遍布各地，有学术成就、政治建树者颇多。他曾三度回徽省亲，每次逗留数月，所以徽州从其学者甚众，程朱理学成为徽州正统的学术思想。

新安理学在徽州绵延700多年，理学家重视对理欲、心物、义利、道德、天人及其关系的逻辑论证，著述宏富，提升了徽州文化的理性思维，培养了深厚的理性主义传统。它是中国古代哲学思想史、学术思想史的缩影，不仅极大地影响了徽州地区的历史文化发展趋向，而且对南宋以后我国政治和文化的发展产生了巨大的作用。

（二）新安画派

新安画派是明末清初活跃于徽州的绘画流派，明代中晚期，徽商的崛起带动乡里经济繁荣，文风昌盛，因此也为当地画学的发展奠定了丰富的物质和人文基础。明清易祚，一批徽州地区的士子学人怀着明王朝“遗民”的孤傲气节遁迹山林，从此绝意仕进，隐于砚田。其志于书画者，一边依托徽州望族既精且富的收藏“晨夕观摩，咸志法古”，对前贤名迹心追手摹，一边则放怀丘壑，在得天独厚的自然胜境中体悟山水精神，由此而形成了一个具有相似创作理念与审美格调的艺术家群体，世称“新安画派”。

新安画派是中国山水画史上艺术家群落人数最为庞大的一个山水画流派，据文献记载，徽州区域明代可查考的画家有 165 人，明至晚清计有 847 人。在徽州这片热土上，新安画派发生、发展，追随者众，影响深远，“成为 17 世纪的中国山水画坛上审美境界最高的画派”。新安画家经常在一起观览大好山水，一起切磋提高技艺，寻求表达他们心目中的新安山水意象特征，作品多取材于黄山的峻岭奇松，峭石寒柯，大多不做层层渲染，也很少繁皴密点，而善用松灵的线条勾形，删繁就简，传达心中或清刚凛冽或疏逸简远的山水意象，并予其深邃的人格内涵。

新安画派无论是艺术家人数还是作品数量，皆蔚为大观，并且最终成为徽派文化乃至中华文化不可或缺的有机组成部分，这个现象不仅在中国山水画史上，甚至在世界绘画史上都是绝无仅有的艺术史奇观！

（三）新安医学

新安为商贾之乡，又为“东南邹鲁”，素称“文献之邦，礼仪之国”，他们饱受儒家理学思想教育，认为医亦儒者事，事亲抚幼之际，诚不可忽。若以之自治，则可以却病；以之事亲，则可以全孝；以之抚幼，则又免陷于不慈，其为生民日用之助，亦广有益。

新安医家仁心济世，把崇仁尚义、解除病人痛苦作为他们的行为准则，受理学“格物致知”和朴学考据经典的影响，治医颇重对医理，勤于论证，医术上追求精益求精。徽州药材资源丰富，徽商的发展也推动了新安药业的发展，清代中晚期新安药店也纷纷开业于徽商经营之地。药商们亦好儒而重义轻利，扶困济贫，尊古炮制、虔诚修合，新安药学进一步扩大了新安医学的影响。

新安医学在中医药学领域诸多方面取得了显著的成就，在中医学术发展的理论及临床诸科方面都有承前启后的作用。受徽州文化、学术的影响，新安医学将儒学、《周易》等学说援入医学，既发展了医学，又丰富了徽文化。

（四）徽派茶文化

我国唐朝茶圣陆羽所撰的《茶经》这一著作中，将我国产茶的地方分为八大茶区，其中安徽省黄山一带就位列其中。黄山地区，由于山高土质好，温暖湿润，“晴时早晚遍地雾，阴雨成天满山云”，云雾缥缈，很适合茶树生长，产茶历史悠久。黄山毛峰和祁门红茶分别是黄山绿茶和红茶的代表，《黄山志》中“莲花庵旁就石隙养茶，多清香冷韵，袭人断腭，谓之黄山云雾茶”，是对黄山毛峰最早的记载。由于新制茶叶白毫披身，芽尖，且鲜叶采自黄山高峰，遂将该茶取名为黄山毛峰。祁门红茶是红茶中的极品，享有盛誉。“祁红特绝群芳最，清誉高香不二门。”祁门红茶也是世界三大高香茶之一，其香名远播，美称“群芳最”“红茶皇后”。

悠久的产茶历史，为徽州茶道的诞生奠定了基础。徽州茶道讲究以茶立德，以茶陶情，以茶会友，以茶敬宾，注重环境、气氛，以求汤清、气清、心清，境雅、人雅、器雅。黄山市有关部门把古代饮茶的礼规编成一套程序，进行“茶道表演”。这种表演由四个或八个姑娘进行，大致分以下几道程序：静气、烹汤、焚香、涤器、烫盏、赏茶、投茶、洗茶、注汤、敬茶、闻香、观色、品味。茶意为“人在草木间”，草木如诗，美人如织，黄山人生在这好山好水之间，怡情山水，有了这传世的茶道，为我国茶文化增添了浓墨重彩的一笔。

（五）徽州古村落

安徽有许多保存完好的古村落，虽不似江南古镇般柔情似水，却自有它的迷人之处，西递、宏村就是徽派古村落中的代表，这里以保存完好的村落形态、工艺精湛的徽派民居和丰富多彩的历史文化内涵而闻名天下。

西递古镇坐落于黄山南麓，旧称西溪、西川，取村中三条溪水东向西流之意，后因村之三华里处为徽州府西古驿过道，设有“铺递所”而改称西递（图 2–27）。它始建于北宋，发展于明朝中期，兴盛于清朝初期，距今已有 900 多年的历史。西递胡姓，其先本姓李，唐昭宗李晔之幼子，因避朱温之乱，由近侍郎胡三公护带至婺源避难，后改

图 2-27　西递村

姓为胡，取名昌翼。北宋庆历年间（1047 年），胡昌翼之五世孙胡仕良由婺源去金陵（南京）途径西递，深深被这里的山形水势所吸引，认定西递是一块极为难找的风水宝地。一年后，举家迁来西递居住，从而写下了胡氏家族壬派分支在西递九百五十余年繁衍生

图 2-28　宏村

息的历史。故历史上就有“真李假胡”之说和“明经胡氏”之称。西递古村的整体轮廓呈船形，山环四面，两条溪流穿村而过，街巷里均是青石铺路，小路两旁随处可见白墙黛瓦，耳边不时传来几声鸡鸣狗吠，令人恍若进入一片世外桃源，因此，西递古村又有“桃花源里人家”之美誉。

宏村位于黄山西南麓，它始建于南宋时期，已有800多年的历史（图2–28）。宏村古称弘村，南宋绍兴元年，宏村始祖汪彦济因遭火灾之患，举家从黟县奇墅村沿溪河而上，在雷岗山一带建十三间房为宅，是为宏村之始。汪彦济在村口兴建睢阳亭，作为入村标志性建筑。随着封建经济的发展、文化的繁荣，作为程朱理学发祥地的徽州也达到了极盛时期。汪姓祖先在外做官、营商者大增，他们积累了大量的资金财富，为光宗耀祖，纷纷在家乡购田置屋，修桥铺路。宏村著名景点有南湖风光、南湖书院、月沼春晓、牛肠水圳、双溪映碧、亭前大树、雷岗夕照、树人堂、明代祠堂乐叙堂等，村子四周还有雉山木雕楼、奇墅湖、塔川秋色、木坑竹海、万村明祠爱敬堂等。整体看来，宏村的湖光山色与层楼叠院相得益彰，自然景观与人文景观竞相并秀，置身其中，犹如融入一片水墨画里，故而，宏村又有“中国画里乡村”之美誉。

建德站

第三章 形韵交融的空间形态

高铁车站作为城市建筑中的重要类型，是一个城市的窗口，其规划选址对一个城市的空间结构具有重要影响，承担着映射城市文明、传承城市文脉的责任。杭黄高铁中间各站选址均为青山环绕、绿水纵横、风景绝美之地，与城市功能完美衔接，站房设计与自然环境和谐而生，与站前广场设计融为一体，深入挖掘历史底蕴和文化元素，通过各种设计手法将自然与地域文化完美呈现。

本章首先介绍杭黄高铁富阳站、建德站、千岛湖站在规划选址中对“带动高铁新区发展，助力城市整体结构提升”发挥的作用，以及桐庐站对“延续城市空间结构，建设现代化的都市门户”的作用。然后介绍杭黄高铁车站的建筑造型、室内空间、站前广场和站区房屋配套设施如何与自然环境相融合。最后介绍典型车站设计中如何传承地域文化，包括建德站、千岛湖站传承浙江民居的建筑元素，三阳站、歙县北站的徽派建筑风格以及黄山北站的黄山诗画文化呈现。

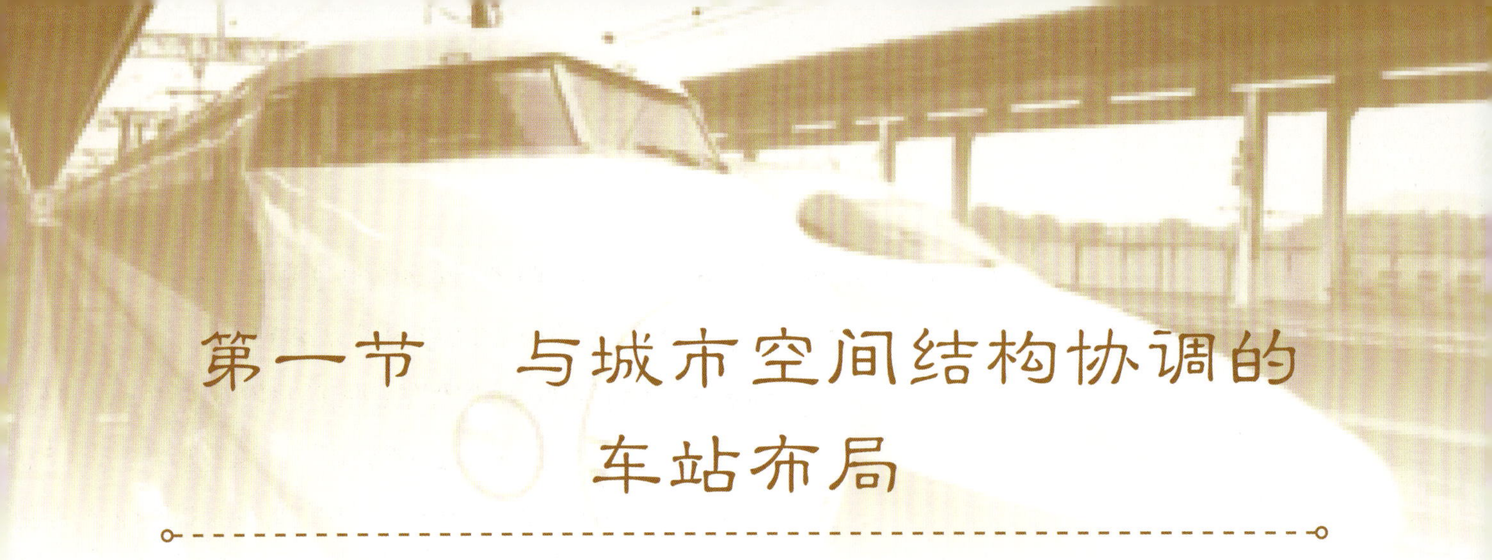

第一节　与城市空间结构协调的车站布局

高铁车站既是高铁线路上的驿站，也是城市之门，是带动区域经济、产业发展的新引擎。在满足使用功能需求的基础上，其选址、站型、布局在遵循线路走向的前提下，也要尊重当地的地理特征、城市空间布局。杭黄高铁在线路总体走向贯彻人本理念的同时，沿线各车站布局充分结合城市的发展规划，车站布局与城市空间结构相协调，力图通过车站建设带动周边区域的整合发展，实现车站功能与城市发展的相互促进。

一、高铁车站选址与城市规划

随着我国经济、科学技术的快速发展，城市与城市之间的联系越来越紧密，城市发展不再是单一经济体，更多的是区域协同发展。高铁，作为城市与城市之间的纽带，对于区域协同发展起到了不可替代的作用。高铁车站选址与城市总体规划布局息息相关，如何确保点线能力协调、缩短旅客旅行时间、降低运输成本、提高运输效率、带动城市经济以及相关产业发展等，关键在于高铁车站的选址是否合理。

（一）影响高铁车站选址的因素

高铁车站选址原则强调一个核心、两点考虑、三项协调，一个核心是指“以人为本，创造良好的运营环境”，两点考虑指“服务运输，建立便捷的客运系统；强本简末，因地制宜、降低成本”，三项协调指“立足整体，与枢纽总体规划相协调；总体考虑，与城市总体规划相协调；着眼发展，与长远战略相协调”。可以看出，新时代对高铁车站选址提出了更高的要求，需要考虑许多因素，如城市规模、城市发展方向、城市功能、城市人口和城市环境等方面。

城市规模分为两类，即单中心城市和多中心城市。单中心城市城市中心只有一个，土地利用形式为向心集聚式，适合城市发展初期，在此阶段，人均出行里程最少，居民总的出行距离和时间成本最低，可较好地发挥城市的集聚功能，城市的政治、商业、文化、教育、医疗、旅游等近乎所有的核心功能都集中在中心城以内；多中心城市，城市中心不再单一，土地利用形式为离心分散式，适用于城市的高级阶段，在此阶段，城市规模大，人口密集，城市功能分布均衡，每个中心都可满足人们的日常出行要求。因此，高速铁路车站的选址要考虑城市规模，当城市规模较小时，可以将高铁车站建立在城市中心，此时城市的结构往往是单中心发展模式，城市整体交通压力较小，位于城市中心的对外交通枢纽可以吸引更多的出行至城市中心，促进城市功能的聚集以及集约化发展。当城市规模较大时，高铁车站选址更倾向于选择城市边缘地带，此时城市内部本身的交通需求较高，城市路网的交通压力较大，交通枢纽建设也需要大量的土地资源，在市中心建造成本较高。

除了城市规模对高铁车站选址影响以外，城市发展方向、功能、人口、环境也是影响高铁车站选址的重要因素。城市发展方向是城市的重要战略定位，在城市的总体规划中，对于城市发展方向会有明确定位，高铁车站作为城市综合交通体，必须与城市发展相一致，成为城市的门户“形象”；城市功能是城市交通、教育、政治、经济、文化等多方面的集合，车站选址兼顾城市功能，才能更好地融入城市，成为城市的一部分，打破传统车站独立于城市之外发展的局限；人口是促进城市发展的重要因素，高铁车站的选址要考虑人口因素，便捷的交通可以大大降低人们出行的时间成本，给城市带来更多的活力与回报；城市环境也是制约高铁车站选址的重要因素之一，自然地理、地形地貌、水文、气候等自然条件对高铁车站的选址也有较大影响。

（二）高铁车站选址与城市规划及发展的关系

高铁车站集“功能性、系统性、先进性、文化性、经济性”为一体，是与城市功能相呼应的交通综合体，其线路引入城市必须与城市规划相协调，具体包括与城市总体规划、公共交通、土地、轨道交通线网规划等的协调。

高铁车站作为城市的交通中心，可以给城市带来更多的发展机遇。高铁车站选址确定以后，一方面，周边配套设施会相应发展，建筑社区也会逐渐靠拢，给城市注入更多的活力；另一方面，高速铁路的建设会带动城市相关产业的发展，作为连接城市与城市的纽带，高铁可以打破城市孤立的窘境，吸引更多的人流、物流、资金流、信息流、技术流和知识流，刺激城市经济增长、增强城市区位优势、体现城市服务功能、提高城市综合影响力。

（三）高铁车站选址类型

高铁车站已经成为加快城市规划建设的工具，但由于高铁车站选址差异以及与城市其他交通接驳方式的不同，高铁车站对于城市发展影响不同。在我国，高铁车站选址类型主要分为两类，一类是在旧城区利用原有的铁路线路，将火车站升级为高铁车站，增强旧城区的区位优势，强化旧城区的中心地位；另一类是将高铁车站建立在城市新区，以高铁车站为中心，相应配套设施和建筑业也会快速发展，带动新区发展。

1. 位于旧城中心区

在旧城区改建或者新建的高铁车站，一般位于城市中心，城市资源相对集中，吸引人流聚集，开发风险也相对较低，使高铁车站能更好地融于城市规划建设中。国外大部分高铁车站位于旧城中心区，一般是利用原有的轨道线路和火车站进行改建，以帮助旧城中心区的更新与复兴。南京站位于南京市玄武区，2005 年 7 月完成改建工程，并首次采用“高进低出”的方式，成为中国各地火车站新建改建的范本。2010 年 7 月，沪宁城际铁路开通，2010 年 11 月，南京站北广场工程开工，作为沪宁城际铁路始发站使用。2014 年又启用了新建的北站房和北广场。历经多次改建，南京站共设站台 16 座，到发线 14 条，其中普速场 8 条，城际场 6 条，功能越加齐备，人们出行也更加便捷，是旧城区火车站改建的典型示范。但位于旧城城区的高铁车站也有一定弊端，旧城区一般是城市的中心，在旧城区改造高铁车站，成本较高，改造规模也可能受限，还容易造成交通堵塞。

2. 位于城市新区

我国在部分高速铁路线路规划与建设过程中对建设速度与运营速度提出了高要求，高速铁路建设拆迁难度越小越好，线路越平直越好，因此，相比于在旧城区改建、新建高铁车站，更倾向于将线路规划偏离城市，避开对沿线城市地区的拆迁和既有站场的改造，因而相当数量的高铁车站远离城市中心，以高铁车站带动城市扩张和新区发展。

从长远发展来看，城市发展是一种平面上的扩张，如何带动新区发展是重大难点。

高铁车站在城市规划建设中有着重要作用，往往会发展成为城市的商业中心、商务中心和集散中心，是带动城市新区发展的重要基础设施，可为新区的建设与发展吸引人力与物力，避免旧城区城市中心土地有限、高铁车站占地过大而制约城市的可持续发展空间，舒缓市区交通压力。铁路交通是区域协同发展的必要前提，只有路通了，经济才能发展，长三角地区经济发展一直以来走在我国前列，其欣欣向荣之景离不开便捷的高铁网。由此可见，新区建设高铁，会加快城市平面拓展进程，繁荣新区经济，构建更大格局的多中心城市。

在新区设置火车站，要充分发挥高速铁路的速度优势，必须兴建更多的交通配套设施。为深入贯彻“站城融合”理念，让高铁车站融入城市，其站址选择不宜距离城市中心太远，否则容易导致高铁车站独立于城市发展之外，只是作为传统的交通枢纽，不能充分体现高铁枢纽的多功能性，同时，也不便于人们出行，不能更好地与城市交通接驳。

二、带动高铁新区发展，助力城市整体结构提升

高铁建设不仅能够完善城市的基础设施建设、改善城市内不同地区的可达性，在重塑城市的空间格局方面也发挥了重要作用。高铁站区的开发可以带动和激发周边土地的一系列连锁反应，促使土地利用性质与结构进行持续、渐进的改革，在城市内部形成新的区位，衍生出不同的城市功能，这种区位优势的变化将会吸引更多资本、技术、劳动力以及信息的集聚，从而促进城市发展和空间扩展。杭黄高铁沿线新建车站中，富阳站、建德站、千岛湖站的站区选址都位于城市外围，高铁新区的发展可以为城市打开新的门户，带动相关产业发展，助力城市整体结构提升。

（一）富阳站

富阳，位于杭州西南部，地处“西湖—富春江—千岛湖—黄山”国家级黄金旅游线的前站，沪杭甬“金三角”交汇点，东接杭州市萧山区，南连诸暨市，西倚桐庐县，北与杭州市临安区、余杭区接壤，东北与杭州市西湖区毗邻。根据《富阳市市域总体规划（2007—2020）》，富阳总体空间发展结构为“一主一副、两带四区四片、多组团”（图 3–1）。“一主”是指富阳中心城市，是富阳的政治经济文化中心和休闲运动的

集散中心；“一副”是指新登副中心，新登镇作为富阳西部重要的综合性城镇，通过副中心的建设，吸纳和整合周边城镇及乡村居民点的人口，带动西北山区发展。“两带”是指沿富春江主轴和北部低丘缓坡副轴的两条综合开发轴带，是富阳空间开发的重点区域。“四区”是指工业化重点发展的“四个区”，一是以金桥、高桥、高新园区为核心进行整合提升，形成江北产业发展区；二是优化调整春江、灵桥、大源三个造纸工业功能区，形成江南产业发展区；三是把场口作为省级开发区进行扩容并加快推进；四是对新登工业功能区进行扩容，建设一条西部经济发展“新走廊”。“四片”是指旅游运动休闲产业重点发展区，即龙门三国文化运动休闲体验片、新沙—东洲山水综合运动休闲体验片、高桥—受降景观居住与野外运动休闲片和西部农事体验休闲观光片。“多组团”是指由若干乡镇组成的发展组团，组团乡镇之间根据各自的功能定位，承担不同的职能，形成有机联系的整体，推动组团整合资源，实现又好又快发展。

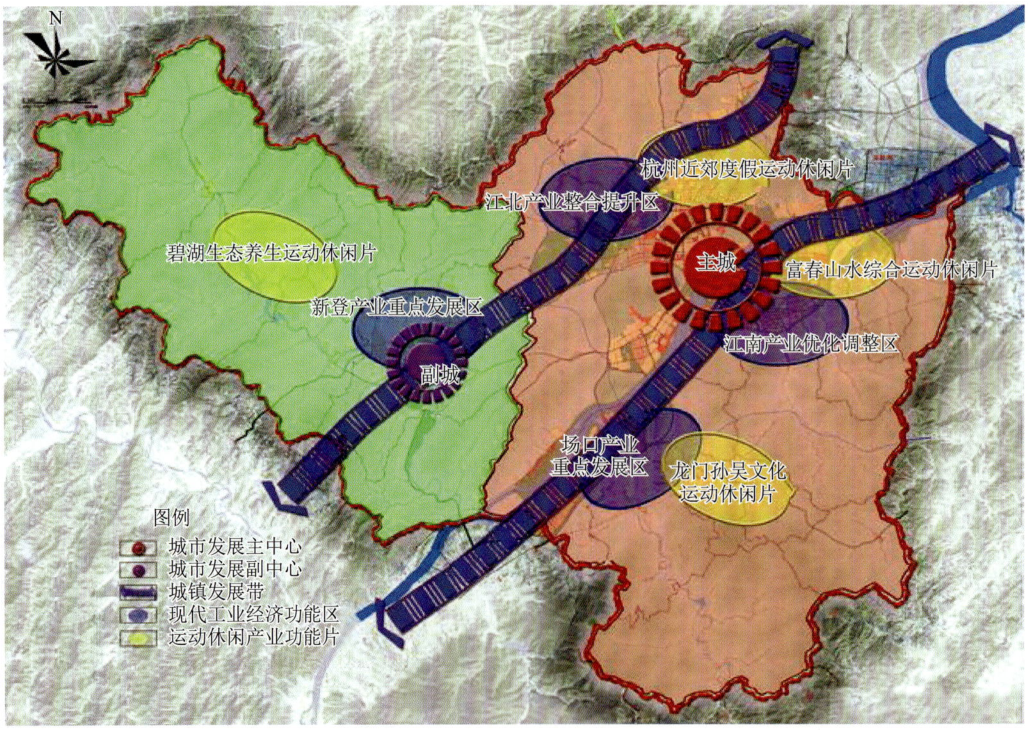

图 3-1　富阳城市规划图（2007—2020）（来源：浙江省城乡规划设计院、富阳市人民政府）

在杭黄高铁总体线位基本确定情况下，按照“带动最大化、破坏影响最小化”宗旨，富阳站点设在大源镇春江街道山建村的建华自然村，属于江南产业发展区，临近并平行杭新景高速公路。富阳站选址考量可以用“两个功能”来阐述，分别是交通功能和城市功能。交通功能方面，在富阳的“跨江战略”中，江南产业发展区是富阳跨富春江的主战场，整个江南新城包括灵桥镇、大源镇的一部分，是建设远期以特色新型制造业为主导，集商贸、物流、休闲等功能为一体的现代化新城。在江南新城，有已建成的富阳汽车南站、杭新景高速公路鹿山互通（建设中）、灵桥互通，还有富春江黄金水道，再加上杭黄高铁富阳站，可以实现水路、公路、铁路等多种交通方式的融合。城市功能方面，富阳站的建设，推动江南产业发展区新型城市化推进与产业升级，站场周边将“退二优二、退二兴三、退工兴城”，加快富阳城市有机更新，在城市化推进中，区域环境得到综合整治，公建配套设施会更加完善，传统的生产方式、生活方式也会随之改变，实现当地百姓从农民向居民转变。

富阳站依托城市总体空间布局，高铁片区规划形成“高山流水、诗意绽放、一圈五脉”的整体结构，“一圈五脉”指杭黄高铁富阳站周围风景圈和仙霞岭山脉，形成山色入城轴线，辐射分别形成景观商务轴（沿大桥南路）、文化水街、市井生活轴（亭山路）、绿色动线等五条线性空间（图 3–2）。富阳站地理位置优越，使富阳更好地融入杭州都市圈，带动旅游业发展。

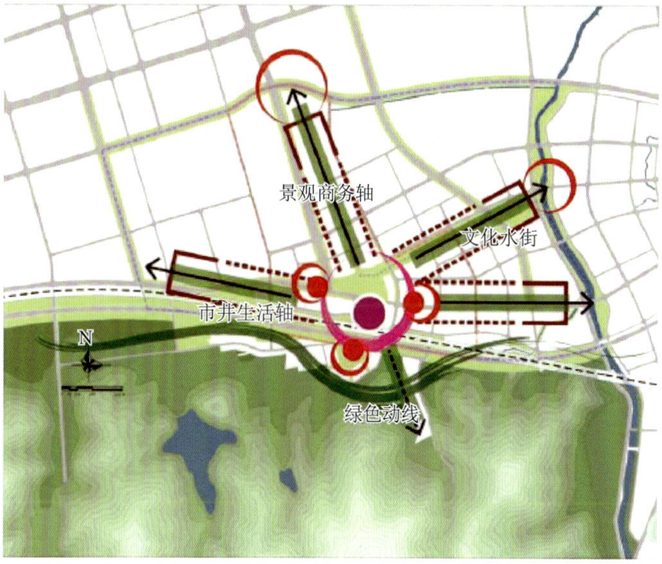

图 3–2　富阳站高速铁路片区发展规划图

（二）建德站

建德市，位于浙江省西部，钱塘江上游，东与浦江县接壤，南与兰溪市和龙游县毗邻，西南与衢州市衢江区相交，西北与淳安县为邻，东北与桐庐县交界。依据《建德市域总体规划（2007—2020）》，建德城镇空间结构为“一主四团五片，一廊两轴两点”（图 3–3）。“一主”指一个中心城市，包括新安江和洋溪、更楼三个街道，其中新安江（含洋安）街道为主城区，依托老城区和新安江上游优越的水环境，以发展居住和第三产业为主；更楼和洋溪街道构成主城区的东西两翼次城区，分别以发展

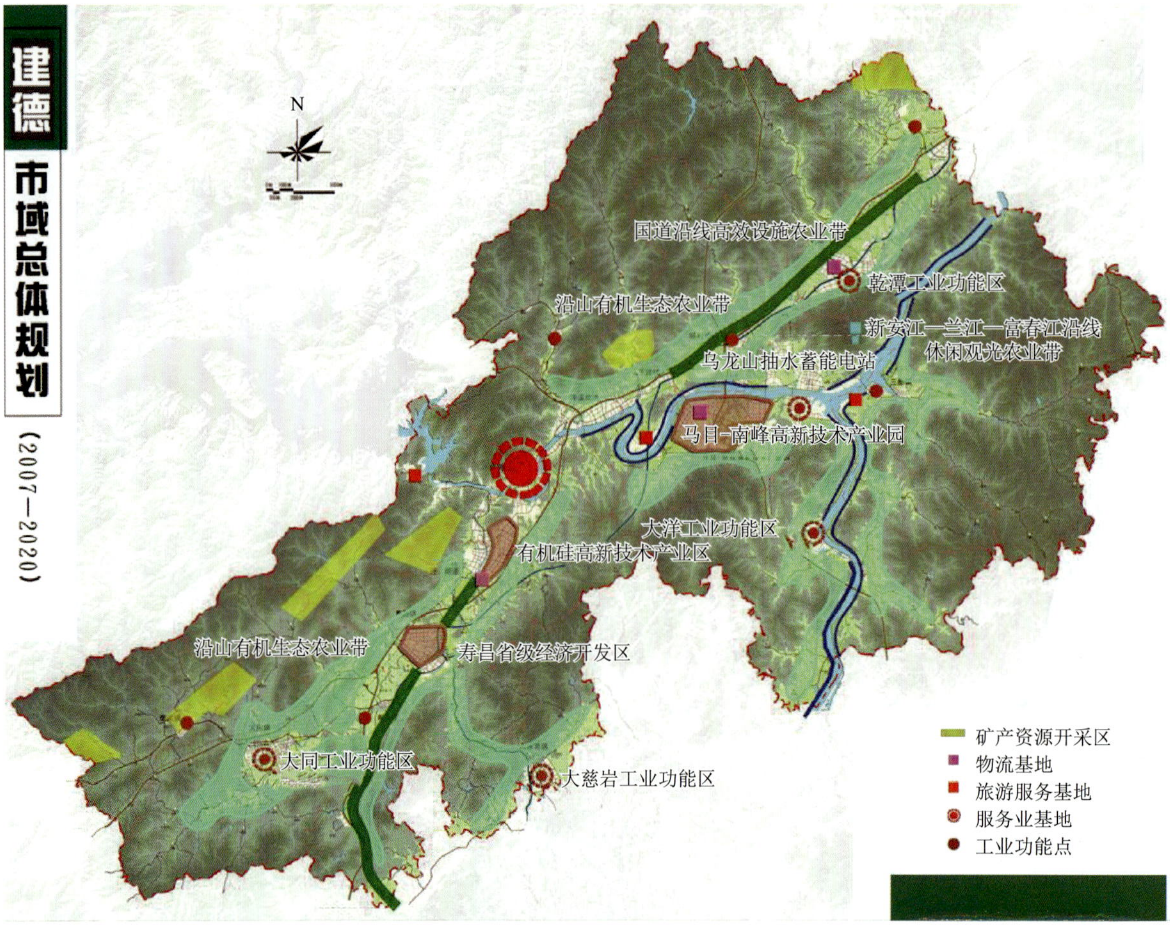

图 3-3　建德城市空间结构

产业和居住为主。“四团”指乾潭、梅城、寿昌、大同四个中心镇。“五片”指根据自然地理条件和乡镇行政区划，以主要城镇为核心，整合沿江两侧发展空间和片内特定发展功能，形成东北、东南、中西、中南、西南共五片城乡发展次区域。“一廊”指一条基础设施走廊，沿杭新景高速公路北段设置，包括现状高压走廊和未来城际轨道、区域性燃气管道等。“两轴”指沿杭新景高速公路和新安江—兰江的两条城镇发展主轴。“两点”指莲花和大慈岩独立于城镇发展主轴之外的两个城镇点。

杭黄高铁建德站所在片区为杨村桥镇，处于建德市大城东区域，东北为乾潭镇，东面为梅城镇，南面为马目—南峰高新技术产业园，西面为下涯镇和建德市区，距新安江主城区 20 km。建德站高铁片区规划结构为“一点、两轴、双带”，站点所在区域为城东门户形象区，规划目标为“四个定位”。空间定位：建德新门户和大城东新中心；职能定位：建德杨村桥高铁地区将以发展枢纽经济为导向，形成集金融服务、行政文化、商务研发、商贸休闲、养生居住等多种职能于一体的综合新区；产业定位：

建德杨村桥高铁地区以发展知识型商务服务业（信息经济）、商贸休闲业、养生养老产业作为其主导产业，以企业专业化服务业为辅助性产业，以房地产业为基础性产业；形象定位：建设新安江东大门，不断聚集现代都市功能，提高建德在区域中的地位。建德站的设立促进了杨村桥高铁地区的高水平建设，树立了浙江省新型城镇化的示范区和展示建德对外形象的新窗口，带动了建德城市空间结构的进一步调整。

（三）千岛湖站

淳安县位于浙江省西部，隶属杭州市，距杭州市区 151 km，新安江横贯全境，是杭州市休闲宜居地，属杭州国际旅游职能的重要组成部分。根据《淳安县域总体规划（2006—2020）》，淳安县中心城市规划空间布局为"一主两副两轴四区"的结构。"一主"为千岛湖镇，"两副"为汾口镇、威坪镇，"两轴"为一个乡镇发展主轴及一个次轴，"四区"是指将全县划分为四个次区域——中部核心区域、北部次区域、西部次区域、南部次区域。文昌镇位于县城北部次区域中，相对定位不高，属于一般镇等级，在乡镇空间规划中，其与中心城的连接也十分薄弱，以千岛湖镇为核心的单中心城市格局十分明显。单中心城市格局使淳安县的城市旅游、生产、居住、休闲等多种功能大都聚集在老镇区，这种模式已不能适应新的发展需求，且已对湖区旅游景观品质造成了一定损害。

随着杭黄高铁进入规划实施阶段，千岛湖站的建设为提升千岛湖镇整体城市结构提供了空前的契机。根据《富春江—新安江—千岛湖风景名胜区总体规划》《淳安县域总体规划》《千岛湖镇总体规划（2006—2020）》等规划和线路总体走向，设计单位深入分析千岛湖站建设为提升与整合千岛湖整体城市结构带来的契机，提出适合新形势的城市结构，将千岛湖站址选在文昌镇文昌村北侧，有 05 省道穿越而过，离县城约 20 km，位于核心风景区控制界限之外，对千岛湖核心景区干扰较小，与中心镇区相比，在开发建设方面受到的制约也较小，通过千岛湖站的建设可带动文昌新区的发展。2015 年，淳安县修订了《淳安县域总体规划（2015–2030）》，提出淳安县城市总体空间结构为"一核两区、东西双城，依山拥湖、珍珠组团，三湖九湾、五源六坪"。"一核"指千岛湖城市核心区，"两区"即高铁新区和国家级旅游度假区，明确了高铁新区的重要地位（图 3–4）。

从规划上来看，青溪新城的建设已经成为千岛湖镇产业转移的一个重要空间。其

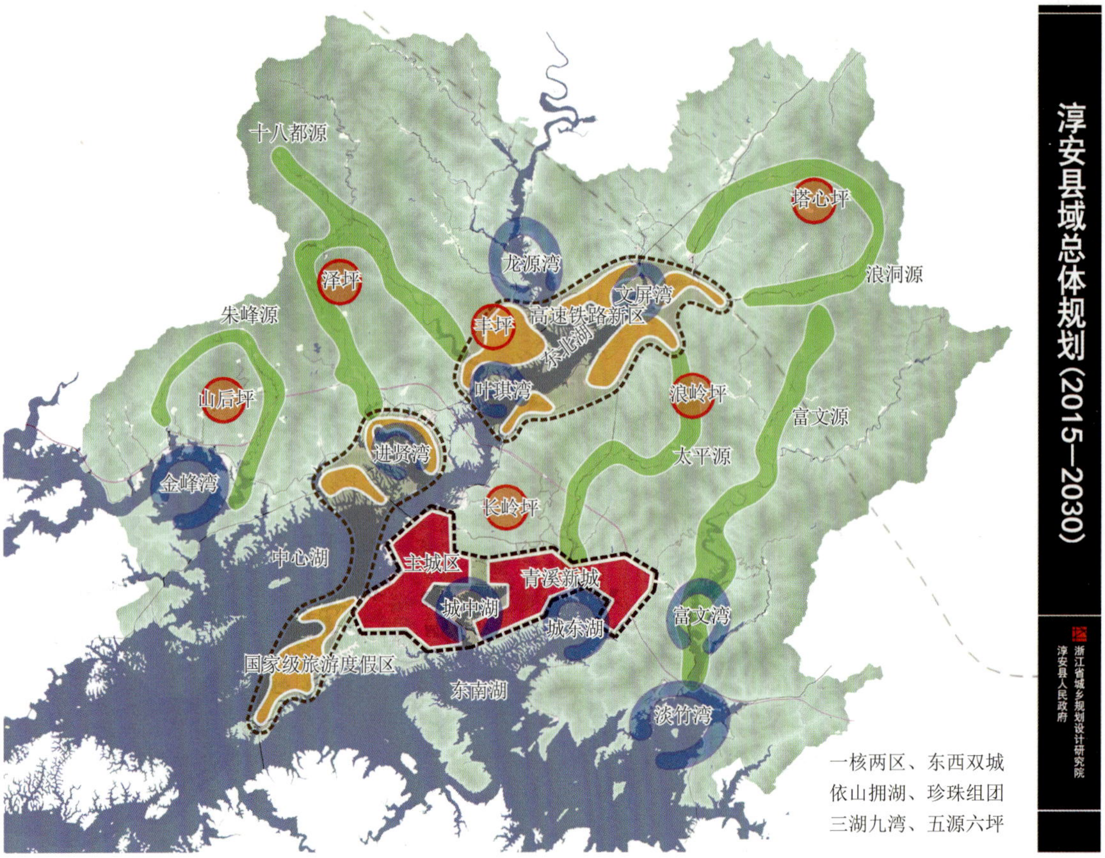

图 3–4　淳安县域总体规划

位于千岛湖的东侧，而千岛湖站的建设选址在千岛湖镇东北方向，接近文昌镇的地点，将必然引起千岛湖整体城市结构的又一次转型，文昌高铁新区的重要性将得到凸显，高铁站点地区将成为高铁新区的核心焦点和区域发展引爆点。随着青溪新城和高铁新城的建设，淳安县的城市格局将经历从“一湖围城”到“城湖相依”的转变。这一格局将使城市拥有更为广阔的发展腹地，城市建设与景区保护的矛盾将随着不同主题的新城建设而得以解决。在老城区可以主要保留存量住宅、旅游观光、文化娱乐、商业休闲等核心功能，在开发方式和强度上需要进行合理控制；青溪新城主要发展工业、增量住房等内容，并完善相关功能配套，力争成为一个产住结合的综合性新城，文昌新城发展方向主要定位在旅游集散接待、商务会展服务、市民运动休闲等方面。

千岛湖站贯彻了淳安县政府“以站为主，站区联动，统筹兼顾”的精神。其总体规划布局可概括为“岛湾峰谷，旅游公社”。“岛”是指杭黄高铁与05省道的交汇处，也是千岛湖站规划的核心，与周围水域共建岛屿，是千岛湖风景的缩影。“湾”是千岛湖景观四要素“湖、湾、岛、杈”之一，是千岛湖水面形态特征的描述。“峰”指千岛湖周围的峰峦群山，千岛湖站正是在这种背景下建造的，与群山打成一片。“谷”特指文昌村向西延伸的山谷，寓意千岛湖美丽的山野风光。“旅游公社”指千岛湖拥有丰富的旅游资源，是千岛湖站规划的主要功能之一。千岛湖站的设立，促进了淳安对外交流、繁荣了城市经济，更丰富了城市文化。千岛湖站是淳安的交通中心，是集商业、旅游、娱乐为一体的综合交通枢纽，它与千黄高速公路、302 省道等构成环湖交通网络，充分利用千岛湖旅游资源优势，带动了健康食品、养生服务、科研教育、休闲旅游产业的发展。千岛湖站高铁片区发展规划如图 3-5 所示。

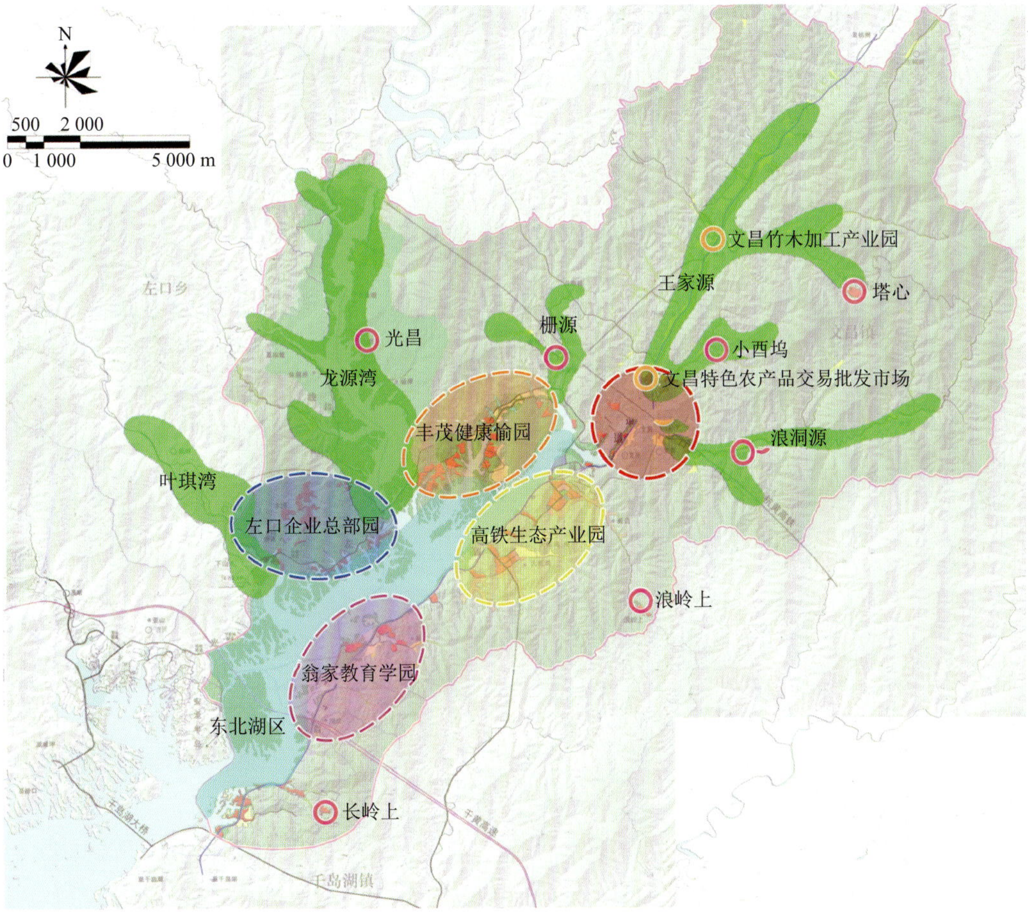

图 3-5　千岛湖站高铁片区发展规划图

三、延续城市空间结构，建设现代化的都市门户

高铁车站作为交通网的重要节点，必须考虑城市的客运需求，坚持“以人为本”的建设理念，充分考虑当地居民的出行特点，方便旅客的出行、换乘，缩短出行距离，

减少出行时间。高铁车站的选址在老城区，能够更好地延续城市空间结构，与市中心的公共交通系统衔接，提高高铁车站的可达性和换乘的便捷性，更好地发挥高铁车站自身的功能属性和对城市发展的积极作用。杭黄高铁新建站桐庐站体现出了延续城市空间结构的特点，更好地满足了桐庐交通发展和经济发展需求。

桐庐县，位于浙江省西北部，富春江斜贯县境，地处钱塘江中游，隶属杭州市，是浙西地区经济实力第一强县。桐庐县地处全国重点风景名胜区“三江两湖”黄金旅游线的中心地段，历来以山水风光著称，素有“奇山异水，天下独绝”的美誉。风景秀丽的富春江、分水江贯流全境，旅游资源丰富，有“全国县级旅游之冠”称号。根据《桐庐县域总体规划（2006—2020）》（图 3–6），桐庐城市空间结构以中心城区为核心，南北以自然发展为主，东以经济发展为主，西以人文旅游发展为主，即以“一环两区两城”为重点，“一环”即城市大环线，“两区”即城北老区和江南新区，“两城”即科技城和健康城。

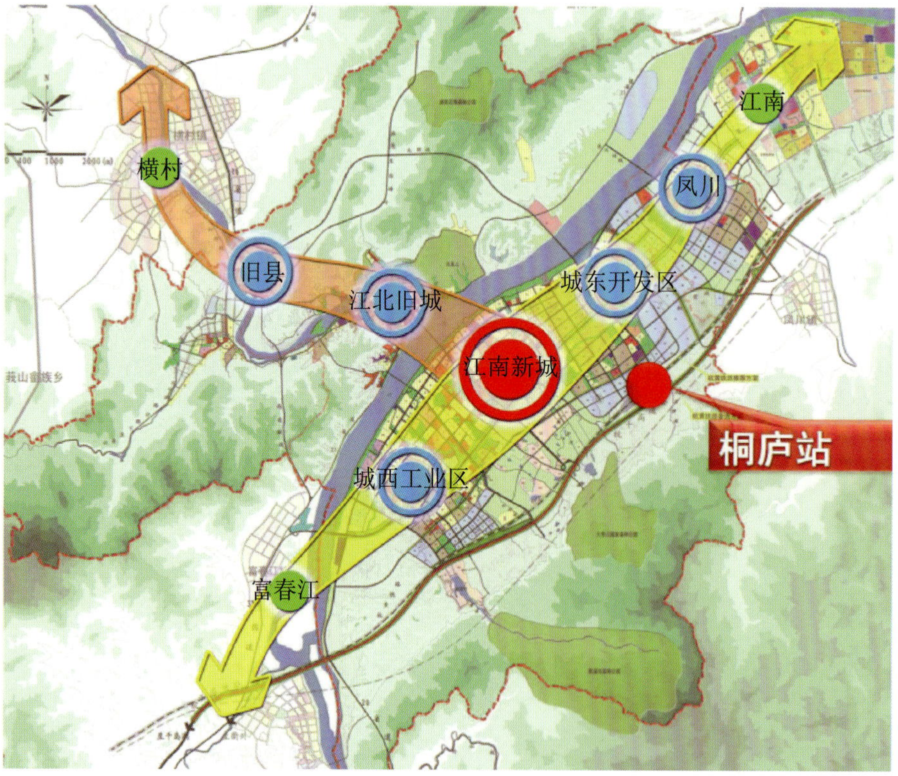

图 3–6　桐庐县域总体规划图

桐庐站位于“两城”中的科技城范围内，车站南面紧邻杭新景高速公路，站场正对城市主干道——东兴南路，与其东西两面的宝兴南路、梅林路以及其北面的城南路形成“一横三纵”的站前主干路框架；站前路形成环形通道，东路与西路使得纵横主干路得到良好的衔接。整个站点附近，对外交通便利，对内与城市衔接良好。以东兴南路为中轴，打造片区规划中轴线，站房与站前广场形成对景，对称布置在中轴线上，形成良好的视觉景观序列，保证视觉上的空间引导。在景观中轴线两侧，设置高层和标志性建筑，形成围绕站前广场的建筑空间层次。站区由硕高路、规划站区南路、站东路、站西路围合而成，桐庐站位于站场以北。桐庐高铁站与市中心南北相望，延续了城市空间结构，其站前广场设计轴线与桐庐规划轴线保持一致，与城东开发区串联，高铁站前空间轴线延续到市中心，城市主要功能都沿着这条轴线开展，规划定位为火车站商业商务核心区，以“智慧、生态、风情”为特色，打造现代化的都市门户。桐庐站选址规划与桐庐城市空间结构息息相关，满足了交通功能需求和桐庐发展需求。

第二节　融入自然的建筑形态

建筑不是孤立存在的个体，它存在于一定的环境中，共同参与其秩序的构成，因此每一个建筑的生命之初就要考虑同城市空间、自然环境的协调。高铁车站由于体量大、占地面积大等特殊因素，对城市自然环境产生的影响更大。杭黄高铁无论站房外部造型设计、站内空间营造，还是站前广场、站区房屋与配套设施设计，都充分考虑与自然环境的协调，让人身处其中而感到自身与周边环境的交流，置身室外而感到与建筑环境的交融。

一、建筑造型与自然融合

造型是建筑的显著特征，综合反映建筑的环境布局、空间处理、外部形象，用凝固的语言展示社会风貌，传递和谐之美。在营造整体氛围的同时，杭黄高铁沿线站房造型设计重视人在环境中的感受，充分感知周边环境特点和优势，通过对周边山体、水系、林木等自然景观的分析，使站房与周边自然环境、人文环境相协调，使之更好地融入环境，成为环境中一景。

（一）富阳站

富阳地处丘陵，一川如画的富春江横贯全境，既赋山城之美，又具江城之秀，是典型的江南山水城市。“天下佳山水，古今推富春”。泱泱江水，宛若明镜，两岸青山延绵，村落集镇点染，使富春江画卷熠熠生辉。《富春山居图》所描绘的富春江两岸的秀丽景色，峰峦叠翠，松石挺秀，云山烟树，沙汀村舍，正是富阳山水的完美写照。

富阳站位于春江街道与大源镇分界处，站区范围内用地主要为旱地和水田，属丘陵地带，地形起伏，站房建筑面积 12 000 m^2。站房造型设计中尊重富阳地区独特的气候环境和地域文化，用现代设计手法体现山水城市的清新典雅、悠远意境，既有当代特征，又蕴含地域特色。站房屋顶采用双坡折屋面，仿佛龙门古镇山间民居绵绵不绝的屋面，与远处连绵的群山融为一体。正立面全部采用玻璃幕墙（图 3–7），犹如中国传统文化的屏风，将富春山水的美景提炼简化，用建筑的设计手法加以创造，以简约流畅的线条穿插描绘其间，周边的城市风情以及山水风光倒映其中，宛如一幅长长的山水城市画卷。立面的遮阳构件疏密有致，巧妙地组成山水图形，立面光影随时间和角度的不同而有序变幻。远观建筑，犹如富春山居图的长卷若隐若现。清润、简远的意韵，把浩渺连绵的江南山水表现得淋漓尽致。轻巧纯净的百叶，与富阳传承千年的造纸工艺相得益彰。

图 3–7　富阳站

（二）桐庐站

《富春山居图》被誉为“画中之兰亭”，以富春江的山水为主题，用墨秀润淡雅，墨色干湿并用。“三吴行尽千山水，犹到桐庐景情美”。富春一百里，最美在桐庐。

桐庐的山，两岸青山满目葱翠，层峦叠嶂、蜿蜒起伏；桐庐的水，一江春水澄如湖海碧如天，碧波荡漾、潺潺流淌。

桐庐站位于浙江省桐庐县城南街道东兴村蒋陆家自然村，毗邻杭千高速公路，地理位置优越。车站正前方与满目苍翠的桐君山相望，东南侧以迤逦的大奇山国家森林公园为衬景。享誉国内的富春江位于站房西北方向，距站房约 5.8 km。桐庐站站房建筑面积 12 000 m^2，建筑造型摹写山之神韵，站房轮廓高低起伏，似层峦叠嶂，同富春山山体构成了 U 形景观，建筑两侧实体对山形轮廓的勾勒、叠合，烘托出远景的山势，用现代化的建筑手法，演绎国画焦墨运笔的韵律，描绘出潇洒桐庐的诗景画致（图 3–8）。站房下部的玻璃幕墙，隐喻富春江水，与山相依相偎，波光粼粼、源远流长。江流一线、碧水云天，现代化的桐庐站综合交通枢纽将开启这座“国际花园城市”更美丽的篇章。

图 3–8　桐庐站

（三）建德站

建德，位于浙江省西部，钱塘江上游，地处杭州至黄山“旅游黄金带”上，是华东和华中地区重要的旅游目的地之一，旅游资源丰富。周边群山环绕，新安江水穿流而过，自然环境优美秀丽，自古以来享有“文邦之地锦峰绣岭，建德十景富享盛名”的美誉。

建德站位于建德市杨村桥镇，属于建德市大城东区域，车站用地及周边区块内以山体、农田及农居为主，具有良好的生态景观环境。建德站站房建筑面积 12 000 m^2，采用双坡面大屋顶加柱廊的形式，简洁大气的屋面与富有韵律的柱廊共同构成建德东大门的建筑意向，象征建德开放迎宾的美好寓意。外观为人字形（图 3–9），外立面以红色为基调，与建德市大慈岩悬空寺相呼应。站房造型与站区内其他建筑风格统一，与群山林立的自然环境相呼应，融合共生。建德站站台雨棚采用压型钢屋面，雨棚表面波浪起伏，从远处看去就像新安江水在微风的吹拂下荡漾。

图 3–9　建德站

（四）千岛湖站

淳安县是世界著名风景区千岛湖所在地，千岛湖因湖中 1 078 个芊芊翠岛而得名，湖水清澈见底，被誉为“天下第一秀水”。淳安县悠久的历史与绝版的景色奠定了其世界山水名园的国际地位，也成就了淳安“锦山秀水、文献名邦”的美誉。

千岛湖站区位置紧邻千岛湖东北湖区附近的文昌镇，这里千峰耸立，群山环绕；

这里碧波浩渺，溪流蜿蜒；这里小桥流水，古道人家。千岛湖浩渺的水面与潭头溪在此交汇，风景如画卷般展现在眼前，列车穿过悠长的隧道为这如画的风景而来。千岛湖站为高架车站，是一个建在“山边、湖边、溪边、桥边、村边”“山上、湖上、溪上、桥上与村上”的“五边、五上”车站，站房建筑面积 9 000 m^2。站在亲水广场看千岛湖站，整个站房呈山字写意形状，站房轮廓线以山势起伏为意境，黛瓦的坡屋面（图 3–10）、空灵的入口柱廊与高架站台侧封木色格栅共同营造出空、灵、透、秀的江南小筑意境，与周边小桥、流水、民居相融相生，实现了站城的完美融合。采用竖明横隐玻璃幕墙，竖向压条采用栗色，玻璃采用超白玻璃，外立面更加简洁、明快，更加安全。玻璃幕墙上的青山倒影与富有韵律的坡屋面交相辉映，绘就出一副水墨丹青的长幅画卷。

图 3–10　千岛湖站

站房依傍群山，将临水面湖一侧留给旅客，让人全方位感受此处的美景，“我见美景多妩媚，料美景见我应如是”，让到此的旅客无时无刻不在美景中，同时建筑也成为美景中的一部分，通过凸显“秀”“雅”“透”的主题，展现出“生态千岛、山水淳安”的美好意境，创造一个通透、雅致、景致交融的现代江南地标建筑。

二、站前广场与环境协调

站前广场是铁路与城市的联系节点，是铁路与城市公共交通体系换乘的主要场所，不仅具有解决人流、车流集散的重要交通功能，同时还兼有景观、环境、综合开发等功能。站前广场一般由站房平台、旅客车站专用场地、公交站点及绿化景观用地组成。站前广场除交通集散的功能外，有时还与具有休闲景观功能的城市广场结合在一起，站前广场的设计与自然环境的协调显得十分重要。杭黄高铁沿线车站设计中对广场、进站通道进行了全方位视觉分析，结合周边环境，努力将最美的风景展示给旅客，以期引起旅客的情感共鸣，让旅客感受到步移景易的温馨氛围。

（一）花园式桐庐站广场

历史名画《富春山居图》最精彩的一段就是描绘桐庐山水。因为有了桐庐秀丽的山水风光，才有历代艺术家创造的桐庐诗画，桐庐秀丽的山水风光吸引各方游客、历代名人。桐庐山水文化得以传承，得益于桐庐山水文化根植于百姓对一方山水的热爱和保护。桐庐站站前广场面积约 60 000 m^2，整体设计充满了山水画的意境，也是对桐庐山水文化的尊崇。

桐庐坐落于大奇山与富春江之间的冲积平原，总体地势呈南高北低走向，山的伟岸、水的灵韵、林的秀色构成了桐庐山水意境。桐庐站在整个站前广场的打造中，延续了桐庐的山水格局，保留了基地内部一些相对高度不大的缓丘、水池、水库，减少对原有地形的破坏，用地形营造的手法（图 3—11），打造桐庐独特地形地貌的地形山水骨架，呈现桐庐钟灵毓秀的富春江山水风貌。通过结合景观场地的四大诉求“地域性、人本性、生态性、经济性”，塑造了一个包含全绿地微坡景观、人车分流系统、绿色覆土建筑、生态明排水体系等的多功能复合型高铁站前广场（图 3—12），让每一位旅客在微缩版富春山水中开启对这座美丽城市的探索与体验。

桐庐站以高铁车站绿道系统为契机，站前广场整个区域用绿道串联，围绕“旅游小环”与“旅游大环”的概念，以高铁车站作为枢纽节点，将广场空间和公园绿地空间以及城市的公共空间结合在一起，绿道时而靠近水池、时而靠近缓坡，步移景异，让人体验不同的景观视角。桐庐站“从江到城到山”的一体化绿道系统的尝试，开创了国内高铁车站绿色出行的先河。

图 3–11　地形营造

图 3–12　桐庐站广场

场地内引入覆土建筑（图 3–13），打造融入自然的可经营性绿色建筑。建筑内部配置游客服务中心、茶室等一系列便民服务性功能设施，为旅客、游人提供可欣赏桐庐山水绿地风光的悠闲候车环境。

图 3–13　覆土建筑

通过竖向设计实现全明排水，雨水就地收集渗透，并通过丰富的竖向变化营造出阴阳交错、动感韵律的山水景观。

通过侧移地下构筑物，保留了位于广场中心位置的百年香樟树，更保留了桐庐人对家乡的记忆。古树与高铁车站建筑交相呼应，形成了桐庐高铁车站站前广场的标志性景观（图 3–14）。

（二）山水交融建德站广场

建德站进站道路顺应山地走势引入站区，由站前广场下方穿过，在最大程度保留原始地貌的同时，在竖向空间上实现人车分流。站前广场的设计因地制宜，东南侧分别与山体交接，西侧通向各交通设施场站。在功能上实现人车流线互不干扰，在形态上做到与周边山体相结合。

步行广场空间采用中轴对称的形式，以山水主题为主，在中轴线设置镜面水池，

图 3–14　桐庐站前广场古树

镜面水池根据具体需求变化为硬质铺装、镜面及喷泉等，凸显建德山水交融的意境。在中轴线两侧设置了矩阵树列，种植具有代表性的桃花，展现建德著名景点“天然桃花林”。建德站广场如图 3–15 所示。

（三）层叠错落千岛湖站广场

千岛湖站广场（图 3–16）在保证集散广场铺装比例基础上，将千岛湖山水采用抽象手法艺术化展现。广场东侧结合烟雨廊桥，将远处文昌阁一并收入画卷之中。西侧景观绿坡似水波延展，通过景观桥和汀步从不同高程对接青石湾片区。南侧广场与潭头溪衔接处采用坡地、叠台等处理手法，通过绿化坡地与高架匝道、地面广场自然衔接，为旅客在站房、广场、亲水平台、廊桥之间创造出更为宜人的室内外空间。站前广场与车行道路在竖向上立体分层，地面为机动车道及停车场，高架步行广场与站房候车层高程相同，充分满足大规模出站人流的便捷集散。步行广场结合山地地形布置，东南侧均设有步行通廊连接至山体休闲栈道。在功能上高架广场满足了人车分流、进出站旅客分流、方便换乘的使用需求；在景观上建立与自然山体的互动与联系，通过廊道建立景观视觉引导，让站区与周边山体环境和谐共生。

图 3-15 建德站广场

图 3-16 千岛湖站广场

植物是景观园林中最重要的造景元素，乡土植物的运用能够体现因地制宜、适地适树的应用原则，从侧面凸显城市地域特色，为广场空间环境注入新鲜活力。千岛湖站前广场林荫绿带结合自然山体，选用本地生长苦槠、青冈、银杏等乔木，并辅以低矮灌木，绿化以树阵的形式，将生土设计、自然重塑的手法运用于地景设计中，绿化植被从广场边沿水岸展开，形成了可供人群停留的绿色人性化空间（图 3–17）。与几何形的树池、阶梯相搭配，构成优美的线性图案。植被种类较丰富，注重乔灌草的搭配和不同色彩的搭配变化，增加了景观的层次，营造了不同季节不同色彩的变化之美。广场硬质铺地结合绿化植被，形成自然流畅的山地景观，铺砖色调统一而深浅相间，烘托出站房大气灵动的风格。中心区域点缀具有地方特色元素的硬质铺地组合，表现其作为站前广场具有的文化底蕴。

图 3–17　千岛湖站广场绿化

三、站区配套与环境相容

站区配套房屋也是车站的重要组成部分，同样需要顺应周边环境，融入地方文化，体现出生产生活房屋与站房的一体化设计。杭黄高铁沿线车站通过统筹考虑房屋配套的规划布局，并栋设计既节约了土地资源，又创造了整齐统一、错落有致的环境；配套房屋建筑风格与站房遥相呼应、和谐统一；绿化公园的设置打造了温馨舒适的工作生活环境，实现与自然环境相容。

（一）配套房屋布局错落有致

铁路房屋建设具有规模大、系统复杂、专业性强、单体繁多等特点，导致现在铁路房屋建设独成体系、布局分散。在设计阶段将功能相近的房屋并栋设计，或者将不同功能房屋通过空间合理布局并栋设计，不仅可以减少对土地资源的过多占用，还能创造整齐统一的环境，与城市更加协调。杭黄高铁沿线新建车站生产生活房屋由最初的一字排开，经过多轮设计，优化为依据功能尽量并栋设置，结合地形围合错落排布。富阳、桐庐、千岛湖站区和黄山北存车场给水加压站分别并入单身宿舍或地勤综合楼负一层，三阳站线路工区和给水加压站并栋；污水处理厂房屋均取消，建德和三阳站保留污水排放场地，水池均埋入地下。建德站线路工区与宿舍楼并栋设置。维修车间和工区食堂、10kV/0.4kV 变电所并入办公综合楼。

富阳站第一轮设计中，变配电所、信号楼、单身宿舍、食堂楼并排设置。经过多轮修改，站区房屋考虑院落式围合布置（图 3–18），节约土地且形成错落有致的形态，

图 3–18 富阳站生产生活房屋布局

并为远期发展预留用地。

（二）房屋造型与站房遥相呼应

杭黄高铁沿线每个站点结合城市的文化特色，房屋造型设计经过细部处理，充分表达出每个站区的建筑风貌。不仅站房的造型标新立异，充分融合自然环境与地域文化，配套房屋设计也经过精心优化。生产生活用房及围墙立面风格与站房立面风格相协调，建筑风貌融合别致，立面设计统一考虑空调机位、百叶孔洞等，做到整洁、大方，为打造车站精品工程增光添彩。例如，富阳站和千岛湖站生产生活用房采用了与站房相同的坡屋顶设计（图 3–19、图 3–20），车站建筑和周边建筑都统一以白灰色为主，具有较高的和谐度和地域特色。桐庐站生产生活用房采用白墙黛瓦（图 3–21），通过墙面的高低起伏与当地山景呼应，围墙、大门等小体量构筑物也结合地方建筑特色、文化元素加以处理，增设了雕镂等细部设计（图 3–22），通过外立面的多样变化呼应站房的立面风格。

（三）生产生活环境绿色温馨

杭黄高铁沿线车站生产生活房屋配套重视绿化的铺设，绿化设计遵循“四季常绿、三季有花，乔灌结合、错落有致，因地制宜、体现特色”的原则。绿化带区域合理布置，站房与生产生活用房之间设置不小于 15 m 的绿化带。围墙周边绿化带宽度不小于 5 m，困难条件下不小于 3 m。职工生活房屋庭院还统筹布置了花园，树木花草采用当地植物品种，花园间设置运动场地、健身器材等文体设施，为铁路职工营造了温馨舒适、绿色美丽的生活环境。这不仅是铁路建设“以人为本”的重要体现，花草树木还可以与生产生活房屋相得益彰，与周边自然环境相映成趣。

桐庐站是杭黄高铁线上浙江省境内唯一一个设置综合维修车间的站点，生产生活区房屋总建筑面积 9 332 m^2，以园林绿化的手法按一站一景打造，用桂花树、香樟树点缀，实现乔灌结合、错落有致、三季有花、四季常绿的景观效果。房屋外立面都采用木板墙、直屋脊、披檐窗等新徽派的建筑元素（图 3–23），室内装修温馨舒适，设置运动健身器材，提升职工居住的温馨感和舒适度，充分体现人文关怀，也展现“美丽杭黄、生态高铁”的形象。

为提升车站职工工作生活环境，千岛湖站生产生活区充分利用空地，设计建造了

图 3-19　富阳站生产生活房屋造型

图 3-20　千岛湖站生产生活房屋造型

图 3–21　桐庐站生产生活房屋造型

图 3–22　桐庐站生产生活用房墙面雕镂

集健身、休闲等功能于一体的站区花园（图 3–24），配齐健身、休闲设施，并附有文化墙、廊亭及拴马桩等建筑小品，展现了文献名邦的丰厚历史文化底蕴，为职工提供良好的放松、休息环境。

图 3–23　桐庐站生产生活用房环境

图 3–24　千岛湖站生产生活房屋配套花园

第三节　传承地域文化的建筑风格

有文化积淀的建筑才有生命力，铁路车站往往是一个城市的名片和标志，铁路车站是功能上的交通建筑，也是性质上的文化建筑。兼顾建筑功能的同时，对城市文脉的汲取与提炼，体现地域特色，成为铁路车站不可忽视的另一种建筑属性。皖浙大地上的民居古朴典雅，具有鲜明的地域特色，杭黄高铁沿线车站在设计中融入当地建筑风格元素，造型及装修设计融入地域文化特色，体现出当地深厚的文化底蕴。

一、延续浙江民居特色

受古代哲学“天人合一”“万物一体”思想的影响，浙江民居十分讲究从堪舆风水的角度来选择村落的环境、建筑的朝向、形式、布局以及前后左右建筑关系，并将它认作影响家族兴旺和发达的直接元素。《黄帝宅经》曾经说：“夫宅者，乃是阴阳之枢纽，人伦之轨模……故宅者，人之本。人以宅为家，居若安则家代昌吉。若不安，即门族衰微”，古人对此深信不疑，这实际上朴素地流露出崇尚自然、强调自然界与人的生命和谐协调的思想。

江南地区民居（图 3–25）屋顶大多采用坡屋顶，江南雨水相对较多，采用坡屋顶主要是利于雨水迅速排去，降低屋顶渗漏概率。坡屋顶又叫斜屋顶，是指排水坡度一般大于 3% 的屋顶，主要有单坡式、双坡式、四坡式和折腰式等。浙江传统民居坡屋顶提栈做法是屋脊处坡度陡峭，檐口处坡度平缓，中间坡度介于两者之间；曲线形屋顶的形成受传统文化、工程技术、自然气候等的影响。坡屋顶的形式，使得古建筑的顶部出现了一个架空层，太阳光的热量，必须经由两次缓冲与降温：先通过屋顶泥背层进入屋顶内，再经过天花板之上架空层的过渡，继续往下，传向地面。在冬天，架空层的存在，也使得室外的寒冷不能直接传入室内，保证了古建筑冬暖夏凉。

杭黄高铁大部分穿行于浙江省内，站房的设计体现了浙江民居的建筑风格，站房

图 3–25 浙江民居

大多依山傍水而建，与周边的自然环境相融合。例如富阳站和建德站的站房采用了“富春山居、山水驿站”的设计理念，站房的外形提炼了浙江民居中坡屋顶这一元素，抽象成简洁的双坡折屋面（图 3–26）。为顺应周边山势的起伏特点，千岛湖站造型以鳞次栉比的坡屋面呼应（图 3–27），在常见的坡顶手法上突出变化，对应江南传统韵味，既体现出千岛湖山水清雅秀丽、明净超脱的特点，又体现出对当地文脉的传承。

二、传承徽州文化底蕴

（一）徽派建筑风格传承

徽派建筑又称徽州建筑，主要流行在古徽州地区（今安徽省黄山市、宣城市绩溪县和江西省婺源县）以及泛徽州地区（浙江淳安、江西浮梁）。徽派建筑作为徽文化的重要组成部分、中国古建筑最重要的流派之一，历来为中外建筑大师所推崇，被国内外专家及中外游客称为“东方古代建筑艺术的宝库”和“中国传统文化的缩影”。

徽派建筑，某种意义上是徽商衣锦还乡的身份象征。徽州民居讲究自然情趣和山水灵气，在房屋布局上十分讲究与周围环境的协调，“无山无水不成居”之说便也从

图 3-26 建德站坡屋顶

图 3-27 千岛湖站坡屋顶

古代流传至今。徽州古民居大多坐落在青山绿水之间，依山傍水，与亭、台、楼、阁、塔、坊等建筑交相辉映，构成“小桥、流水、人家”的优美境界。

徽派古民居的外形，全部是粉墙青瓦，远处望去，较大的村落往往是绿树丛中灰白的一片。人们对于色彩可能会产生这样的疑问：当年那些富甲一方的商人为什么不愿意在色彩上下些功夫，让房屋更色彩斑斓？这是由于在中国封建社会里，色彩的使用有严格的等级区分，平民百姓的住宅外墙是绝不允许使用各种金碧辉煌的彩绘和装饰的，尤其不能使用黄色，因为黄色是皇家的专利。建筑师们十分巧妙地设计了这种灰白的颜色基调，因为这种灰白色彩，在绿水青山的映衬下，会自然地形成一种祥和宁静的效果，不同的环境与不同的光线总是会给白色墙体染上独特的一笔。在几百年后的今天，经过长期的日晒、风吹、雨淋，墙面上的白色颜料已经斑驳甚至脱落，出现了一种冷暖相交的多次复色，一种浓厚的历史感油然而生。徽派古民居建筑上还有一个特色，便是马头墙的设置，马头墙又称封火墙。马头墙这种高大的封火墙可以在建筑发生火灾时隔断火源，防止火势蔓延到相邻的建筑。为了使封火墙具有艺术美感，设计师采用抽象手法，将其设计成仰头长嘶的马头形态（图 3–28）。这种设计，显示了中国古代工匠在建筑上的高超技艺。

图 3–28 徽派民居

杭黄高铁进入徽州后，沿线站房体现出明显的徽派建筑风格，融合当地文化，使站房与周围建筑相协调。例如，三阳站站房建筑造型上采用传统高低错落的青灰瓦屋面（图 3–29），层层叠落的马头墙，富有韵律的竖窗，一定面积的玻璃幕墙等设计手法，彰显现代徽派建筑的特色。歙县北站也保留了徽派建筑风格（图 3–30），并且使用氟塑树脂瓦，使得马头墙、屋脊等线条更加凸显，将实体白墙改为双层夹胶玻璃幕墙，增强自然采光及空间通透性，减少照明用电。

图 3–29　三阳站

图 3–30　歙县北站

（二）诗画文化传承

黄山不仅坐拥中国山岳风光的代表黄山景区，更是徽文化核心区，集世界文化与自然遗产于一身。徽文化以其广博、深邃，代表了传统中国文化的精髓。竹帛所载，丹青所画，徽州文房四宝以物化的载体书写着千年中国传统文明，徽文化不仅筑造在粉墙黛瓦中，也书写在经史书画和黄山的山水性情中。

黄山迎客松是安徽人民热情友好的象征，承载着拥抱世界的东方礼仪文化。黄山不仅是一座美丽的自然之山，还是一座丰富的艺术宝库。自古以来，人们游览黄山、建设黄山、歌颂黄山，留下了丰厚的文化遗产。黄山现有楼台、亭阁、桥梁等古代建筑 100 多处，多数呈徽派风格，翘角飞檐、古朴典雅。现存历代摩崖石刻近 300 处，篆、隶、行、楷、草诸体俱全，颜、柳、欧、赵各派尽有。历代文人雅士在观赏黄山美景的同时，留下了浩如烟海的文学作品，流传至今的就有两万多篇（首）。唐代诗人李白游览黄山时留下“黄山四千仞 / 三十二莲峰 / 丹崖夹石柱 / 菡萏金芙蓉”的诗句，至今仍在传诵。美丽神奇的黄山孕育了“黄山画派”，创立了以黄山为主要表现对象的山水画派，在中国画坛独树一帜、影响深远。现代艺术大师刘海粟一生十上黄山，采用独特的泼墨新技法，创作了大量以黄山为题材的艺术佳作。

黄山北站（图 3–31）就坐落在古徽州的西溪南镇，四周田野风光、村落民居，古朴而娴静。黄山北站的建筑概念设计方案征集共有 12 家国内外知名建筑设计单位参加投标，经过现场踏勘、专家评审、招标复审等环节，铁四院最终脱颖而出。铁四院投标方案以“古徽新韵”为建筑创意，提取中国山水画的元素，以国画抽象笔法表达传统徽派意韵，兼顾对黄山磅礴雄浑、天然巧成的形象特征进行全新的诠释。建筑表面富有韵律变化的横向格栅及构建模拟迎客松及黄山石的意象，功能上也起到了良好的遮阳作用，以现代建筑材料交织出宣纸般纹理的横向格栅，在纯净的图底上凸显流畅的建筑构件，形成迎客松的剪影。主入口处理中若隐若现的徽居影像，徽派内涵点墨显现。基座采用云纹图案及黄山石色彩肌理，呼应黄山云海奇观。顶部呈上升变化态势，并加天窗补充室内自然采光。建筑整体造型雍容大度，姿态优美，环抱开放的姿态如迎客松伸出臂膀欢迎远道而来的客人，勾勒出徽派的特色和地域文化。

图 3–31　黄山北站

桐庐站

第四章
以人为本的功能布局

高速铁路客运枢纽作为城市内外各种交通方式转换场所，是城市综合交通体系的重要组成部分，是旅客出入城市的门户，其规模布局、交通组织、流线设计、设施配置等因素会对城市综合交通网络产生重要的影响。杭黄高铁从旅游专线定位出发，车站规划贯彻以人为本、服务旅客、高效衔接、站城融合的规划理念，以车站为中心，打造功能完善、换乘高效、出行便捷、站城一体的现代化综合客运枢纽，构建了切合站场特征及城市特点的良好综合换乘体系，提高旅客到达目的地的通达性和便捷性。

本章在介绍“无缝换乘”理念和高铁枢纽接驳体系基础上，详细阐述了杭黄高铁沿线铁路枢纽与航空、长途客运等对外交通的接驳，以及多样高效的城市综合交通接驳、低碳人性化的城市慢行交通接驳。然后介绍杭黄高铁沿线各站在功能布局和流线设计方面的特点，并从候车空间、信息服务、商业服务三方面重点展现杭黄高铁各站人性化的服务设施。

第一节　高效便捷的综合交通

随着我国各种交通运输方式的大发展，原来各自相对独立的客运交通方式，正朝着有机结合的一体化综合客运交通系统的方向发展。高效便捷的交通网络是高铁车站交通流对外快速集散的基本保障，也是减少高铁车站交通流与城市交通流相互干扰的基础。杭黄高铁沿线车站的设计充分体现了交通枢纽的综合性、“无缝换乘”理念和“以人为本”的思想，旨在通过发达的接驳网络、一体化立体分流的接驳设施建设、不同交通方式间紧凑的运能衔接组织和一体化综合交通枢纽信息服务系统，为旅客提供高效便捷的换乘环境。

一、“无缝换乘”高铁枢纽接驳体系

（一）高铁枢纽的概念及功能

高铁枢纽是位于铁路客运专线上的、以完成高速铁路这一主导方式站场的客流集散和换乘为基本需求，为旅客提供便捷可靠的换乘服务平台，是高铁车站与车站配套设施的合称。高铁枢纽在功能需求上表现出“交通节点”与“城市场所”的双重特性，二者之间是相互促进的关系。近期在相当长的一段时间内，“交通节点”功能将占据高铁枢纽的核心地位，“城市场所”功能则处于从属地位。

（二）“无缝换乘”概念及内涵

无缝换乘是指两种或两种以上的交通工具实现最短距离、最高效率、全天候的安全换乘方式。无缝换乘体现在“便捷性”和“预见性”。“便捷性”要求能够科学精准地设置交通空间流线，“预见性”要求能够提前预测高铁车站与城市配套交通是否可以同步实施。通过及时研究，采取一体化行动才能实现高铁车站与城市配套交通发展的双赢局面。

同步城市协调发展和一体化建设是高铁车站进一步走向城市交通综合枢纽的关键，根据交通运输部对于综合客运枢纽内涵的界定，实现高铁与其他城市交通方式间的无缝接驳是高铁枢纽的灵魂。“无缝换乘”理念的本质内涵在于构建高效便捷、安全舒适的高铁枢纽交通接驳体系，要求从接驳换乘系统的基础设施建设、接驳交通方式的运能衔接组织和换乘信息服务建设三方面着手，实现合理的换乘距离、紧凑的换乘时间、充足的换乘空间、舒适的换乘环境和智能化的换乘信息服务和管理。

（三）“无缝换乘”高铁枢纽接驳体系

1. 体系的组成

高铁枢纽接驳体系包含了高铁以及与高铁衔接的各种交通方式及场站设施。“无缝换乘”高铁枢纽接驳体系由三个层面共分成五个组成部分，通过多模式交通一体化接驳与换乘，实现高速铁路网与城市群的协同发展，高铁枢纽与周边用地一体化开发及高铁车站建筑的整合设计，如图 4—1 所示。

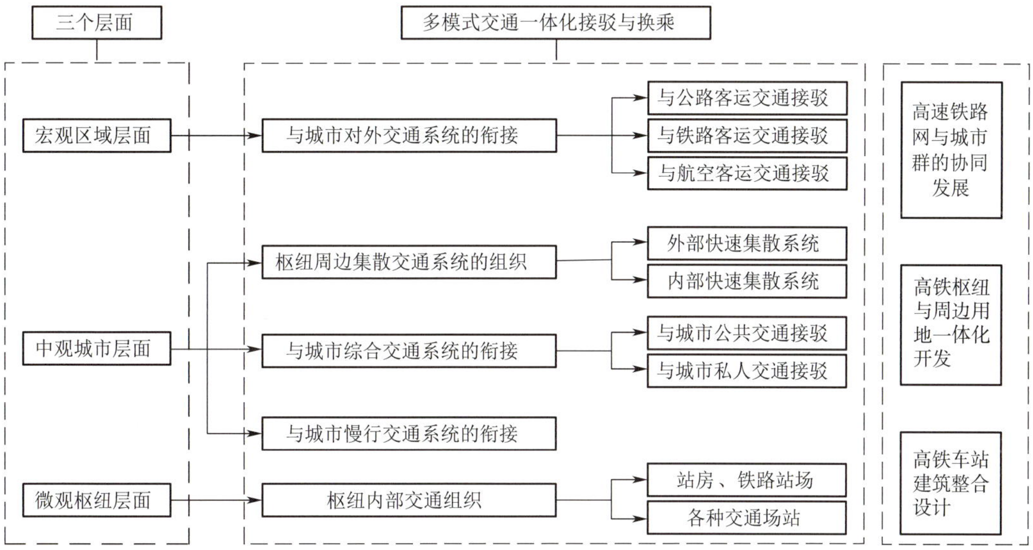

图 4—1 “无缝换乘”高铁枢纽接驳体系

宏观区域层面指高铁枢纽与城市对外交通系统的一体化衔接。高铁枢纽通过与公路、航空等城市对外交通方式的衔接，根据各自的优势服务半径，建成层次分明、功能互补的接驳网络，促进区域内综合交通运输体系的可持续发展，加快中心城市和城市群建设，实现城乡统筹的二元均衡发展格局。例如，对于高铁枢纽辐射范围无法覆盖的城市和小城镇地区，可利用灵活的公路客运网络，通过高铁与长途客运的有效衔接和整合实现城乡公交一体化。中观城市层面包括高铁枢纽周边集散交通系统的规划组织、高铁枢纽与城市综合交通系统的一体化衔接和高铁枢纽与城市慢行交通系统的一体化衔接。高铁枢纽通过与轨道交通、常规公交、出租车和慢行交通等城市内部交通方式的衔接，建设成多种运输方式便捷换乘的综合交通枢纽，实现区域交通网与城市内部公共交通网络之间高效、安全有序的转换，确保高铁枢纽的高可达性，在此基础上带动站区周边乃至整个城市的可持续发展。微观枢纽层面指高铁枢纽内部交通组织。高铁枢纽通过与各种交通方式的一体化无缝衔接以及高铁车站建筑自身的整合设计来实现高速铁路与城市多模式中小运量交通之间的无缝换乘，从图 4—2 中可以看出，高铁枢纽内客流的换乘包含两大衔接环节，第一个环节是高铁车站站房与城市交通系统的衔接，第二个环节是高铁车站内部站房与站场的衔接。

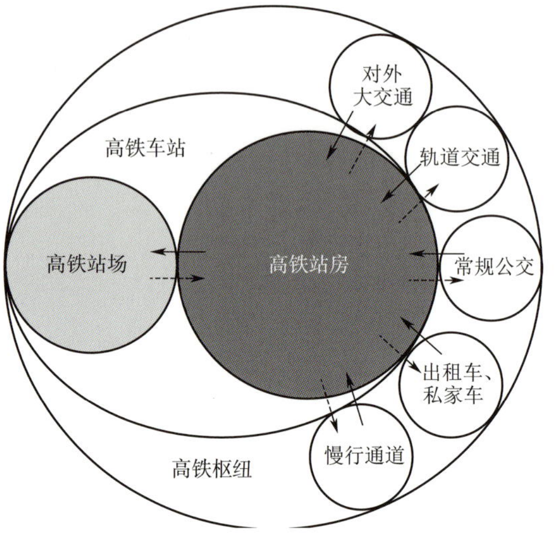

图 4—2　高铁枢纽场站设施构成及换乘关系示意图

（1）与城市对外交通衔接

城市对外交通方式有铁路、公路和航空三个组成部分。高铁枢纽与其他铁路之间的换乘主要受高速铁路网的限制，必须与服务区间有互补性的高速和普速铁路线路换乘才能到达目的地；公路客运主要服务中长距离出行需求，长途客运站与高铁站房的衔接既要考虑减少换乘距离，提高换乘效率，又要避免换乘客流的相互干扰，且长途客站在枢纽中的布局要尽量靠近高等级的城市道路；高铁与航空的衔接一般指铁路与航空的联运，它是一种固定线路的铁路服务，铁路通过在机场或其附近设置途经站或者终点站，使航空公司的乘客可以乘坐高铁列车到达机场或者从机场离开。

（2）与城市综合交通衔接

大型高铁枢纽与城市综合交通的衔接主要以轨道交通为骨干，常规公交为主体，出租车和私家车为辅助补充，充分发挥城市内部公共交通网络的优势，以开放的姿态将城市内各种交通形式引入车站内部，实现城市客流高效便捷、安全有序的集散，从而给旅客带来极大的便利和舒适的体验。

城市轨道交通系统是指在市域范围内，借助特定轨道运行的一种快速城市公共交通系统。城市轨道交通以其快速准时的高效率、安全可靠的高性能和环保节能的大运量以及享有专有路权等优势逐步成为我国各大城市主要的公共交通手段，也成为大型综合交通枢纽客流集疏运的主要解决手段。

常规公交是城市公共交通发展战略的重要组成部分，也是高速铁路客运枢纽的主要接驳方式之一。在大部分以轨道交通集散为主的高铁客运枢纽中，城市公交是轨道交通的有益补充，在一些没有引入轨道交通的中小城市的高铁车站，公共电汽车承担最主要的到发客流集散功能。在建设高铁客运枢纽时，应根据车站建设环境的不同特点选择最合适的衔接模式，通过不断优化高铁车站与城市公交的衔接布局模式，实现两者的一体化接驳和无缝换乘，从而提高交通服务水平，为旅客出行提供便利。

出租车是公共交通组成部分，但与轨道交通和常规公交不同，出租车在运输组织模式方面类似于个体运输工具。出租车没有发车时间的限制，乘客随到随走，也没有固定的线路，可以直接到达目的地，避免了绕行，减少了换乘时间，可以满足旅客对效率和舒适的双重需求。

社会车辆包括私家车和城市公共交通以外的各种机动车，是对外客运枢纽客流实现内外交通换乘的另一类重要的交通方式。私家车专属性较强，服务的旅客人数较少，而停车场需要占用大量的空间，所以在高铁枢纽设计时，应考虑将停车场结合站房及周边建筑和设施联合设置，如采用地下停车场等，使其不单独占用土地。

（3）与城市慢行交通衔接

慢行交通是相对于快速和高速交通而言的，一般指出行速度不大于 15 km/h 的交通方式，包括步行和自行车交通。高铁枢纽与城市步行交通接驳包括站区周边步行系统、穿越站区的步行系统和站区内部步行系统的建构，通过完善的步行系统，为行人提供一个连续的、安全的、无障碍的步行空间，从而使旅客能够不受铁路的阻隔，便捷地到站和离站，自由穿行于站区两侧。高铁枢纽与自行车交通接驳的完善程度是体现一个城市是否公平、是否以人为本的重要窗口，一般地，大型高铁枢纽会根据枢纽内每种接驳方式的不同换乘需求，在车站各个出入口灵活设置自行车停车场的位置和规模。

2. 体系的特征

（1）一体化：一体化是“无缝换乘”高铁枢纽接驳体系的根本特征，是资源集约利用的表现。狭义层面上指交通接驳设施布局的一体化，包括不同交通方式的运能衔接组织和综合交通枢纽信息服务系统，广义层面上还包括高铁枢纽规划与城市总体规划的协调一体化以及高铁枢纽与周边土地使用的一体化规划。

（2）多样统一性：建立以公共交通为主导的多模式交通是“无缝换乘”高铁枢纽接驳体系的必然选择。高铁枢纽接驳体系在实际建设中会受到众多因素的影响，如城市经济发展水平，地域文化，自然建设环境，人们的出行方式、出行习惯等，使得各种交通方式的客流分担比例和设施的具体接驳模式等呈现出多样性的特性，但是以公共交通为主导、重视慢行交通的接驳体系结构特征不应有所动摇。

（3）高效性：高效性是“无缝换乘”高铁枢纽接驳体系重要的功能特征。“无缝换乘”理念指导下，发达的接驳网络确保了高铁枢纽的可达性，一体化立体分流的接驳设施建设，不同交通方式间紧凑的运能衔接组织和综合交通枢纽信息服务系统给旅客营造了一个高效的换乘环境。

二、杭黄高铁沿线高铁枢纽交通接驳

（一）协同发展的城市对外交通接驳

杭黄高铁基于“无缝换乘”理念，以铁路枢纽与各种对外交通方式场站之间的一体化衔接为具体手段，力求充分发挥多种客运交通联合运输、协同发展的优势，缩短不同对外交通之间的换乘时间，降低换乘成本，实现综合运输体系整体效益最大化。

杭黄高铁沿线大型铁路枢纽站杭州东站和杭州南站，汇集了铁路、客运、航空三大对外交通方式。杭州东站不仅是杭黄高铁的始发终到站，也是宁杭甬高铁、商合杭高铁、萧甬铁路、宣杭铁路的始发终到站，同时还是沪昆高铁和沪昆铁路的中间站；杭州东站东广场地面层大巴区设长途汽车站，是沪杭、宁杭、杭甬、杭长高铁的交会点，现已开通“短途换乘为主、运游结合”的桐庐、新安江、慈溪、上虞、安吉、千岛湖、舟山等 17 条班线，实现了杭州东站与周边市县的无缝衔接；杭州东站东广场大巴区一侧还设有杭州萧山国际机场火车东站城市航站楼，可为旅客提供登机牌办理、航班咨询、航空售票、行李托运和机场巴士等服务，实现了铁路与航空的无缝衔接。杭州南站不仅是杭黄高铁的中间站，也是沪昆铁路、萧甬铁路、沪昆高铁、杭甬高铁的中间站，未来，杭州南站与萧山国际机场之间将建设一条全长约为 14 km 的铁路连接线，串起杭黄高铁、沪杭高铁、杭甬高铁、杭长高铁和杭绍台铁路，实现杭州东站、杭州南站与萧山国际机场、浦东国际机场的无缝衔接，迎来真正的“空铁联运”。

杭黄高铁沿线中小型高铁枢纽站，歙县北站、黄山北站、桐庐站也将长途客运引入建设。黄山北站、桐庐站站前广场西侧分别设城市长途汽车站、城乡长途汽车站，通过连廊与站房相接。

（二）多样高效的城市综合交通接驳

在“无缝换乘”理念指导下，杭黄高速铁路各站构建了集常规公交、出租车和社会车辆等多种城市交通为一体的综合交通枢纽，为旅客提供多样化的换乘服务。杭州东站和杭州南站还通过与城市轨道交通衔接发挥大型城市综合交通枢纽的优势，杭州东站、桐庐站、绩溪北站、黄山北站和千岛湖站还通过设置旅游大巴和游船凸显旅游城市的特色。

1. 与常规公交的一体化衔接

杭黄高铁本着“公交优先，因地制宜”的原则，根据每个高铁车站建设环境的不同特点选择与城市公交的衔接模式，实现两者的一体化衔接和无缝换乘。其中，杭州东站站房与公交蓄车场呈立体布局，公交蓄车场位于站前广场的下沉广场，其余高铁车站站房与公交蓄车场呈平面布局，公交蓄车场位于站前广场。公交蓄车场与公交上、下客站分开设置，方便进出站旅客上下车。

杭州东站有两个公交场站，分别位于枢纽东、西广场，通过地下二层换乘大厅与站房衔接（图 4—3）。

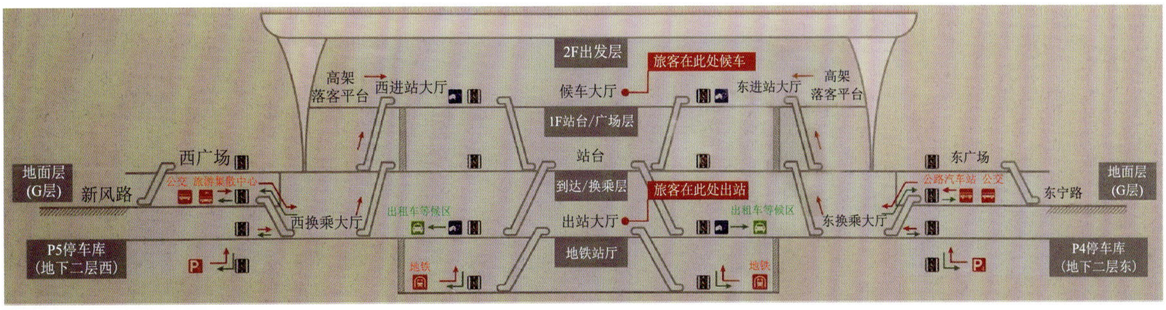

图 4—3　杭州东站综合交通布局

杭州南站有两个公交换乘中心，分别是枢纽西广场公交区和东换乘站公交区。其中，西广场公交区有 4 条始发于杭州南站的公交线，还有 1 条免费接驳摆渡车，可免费换乘至东换乘站公交区；东换乘站公交区为主要公交换乘地，有 11 条始发于杭州南站的公交线。

富阳站、黄山北站公交场站均位于站前广场西侧，桐庐站公交场站位于站前广场东侧。富阳站公交场站离高铁车站出站口仅 100 m 距离，设有 4 处发车道，7 条公交线路。桐庐站公交场站也紧邻高铁出站口，共设 6 条通往城区的公交线路和 1 条通往大奇山景区的 14 路公交专线（图 4–4）。黄山北站设有通往中心城区主要节点的公交高铁专线，实现了高铁枢纽与汽车客运总站、火车站、屯溪区主干线重要节点之间的快速换乘衔接。

图 4–4　桐庐站综合交通流线图

建德站公交场站位于站前广场西侧（图 4–5）。建德站公交接驳共有两种方式，第一种是快速公交车；第二种是建德站至 320 国道之间的免费短驳班车，可以将旅客送到 320 国道上的公交站，方便旅客在此搭乘城乡公交。城区以西寿昌、大慈岩等乡镇，可通过“城乡公交＋城区快速公交”换乘模式实现与高铁车站衔接；城区以东梅城、乾潭、大洋等乡镇，可通过“城乡公交＋短驳公交”换乘模式实现与高铁车站衔接。

千岛湖站公交接驳共有两种方式，第一种是千岛湖高铁快速专线，旅客可乘坐快速专线直达千岛湖汽车客运北站转乘各类交通工具前往目的地；第二种是农村客运及城际公交线，淳安县运输部门为方便沿线百姓出行，每天安排多趟农村客运及城际公交线班车作为高铁接驳的补充。

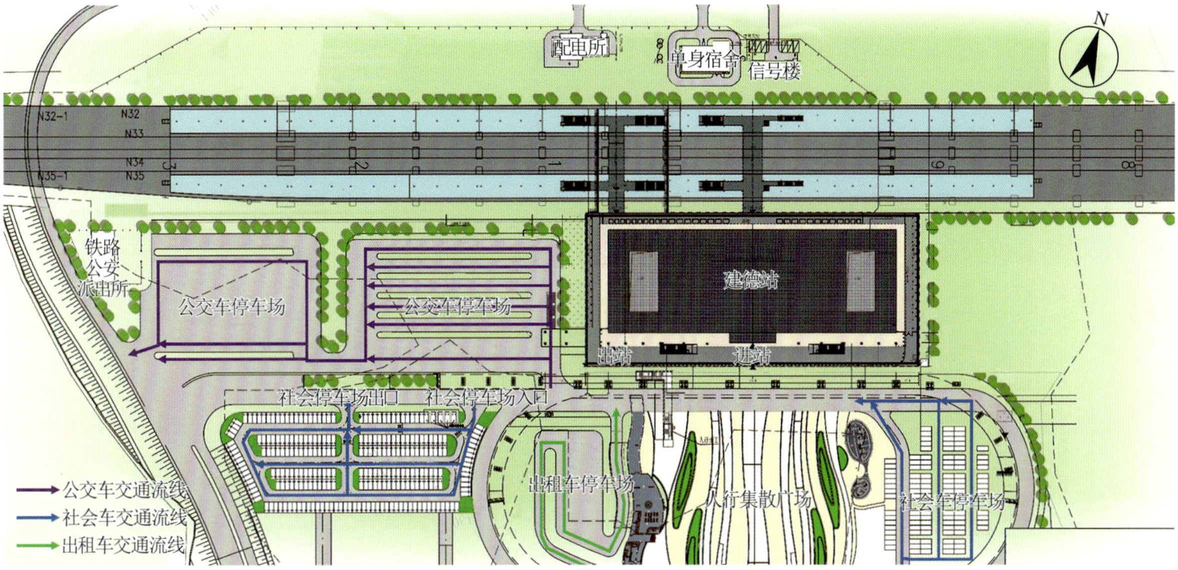

图 4–5　建德站综合交通流线图

三阳站公交场站位于站前广场北侧（图 4–6），设有三条公交线路。歙县北站公交场站位于站前广场西南部（图 4–7），设有高铁公交专线，分别开往歙州广场旅游集散中心和歙县公路客运站。

2. 与出租车、社会车辆的一体化衔接

杭黄高铁本着“快速换乘、集约用地”的原则，沿线高铁车站对出租车的落客区和上客区采用分离式布局，结合站前广场，沿线两个大型高铁枢纽和两个中型高铁枢纽的出租车蓄车场和停车场采用立体布局或立体 + 平面布局，其余中小型高铁车站的出租车蓄车场和停车场采用平面布局。

杭州东站出租车蓄车场和停车场采用立体布局，均位于站前广场下方。杭州东站出租车候车区设在高铁到达层，共 10 个出入口，旅客可以通过地下一层的候车通道到达出租车上车区域；地下车库与 4 个地面的圆形环道以及下穿铁路站场的城市快速干道直接连通，使得社会车辆在任何方向上都能进出车库，达到快进快出的目的（图 4–3）。

桐庐站出租车蓄车场和停车场采用立体布局 + 平面布局。桐庐站广场下设地下

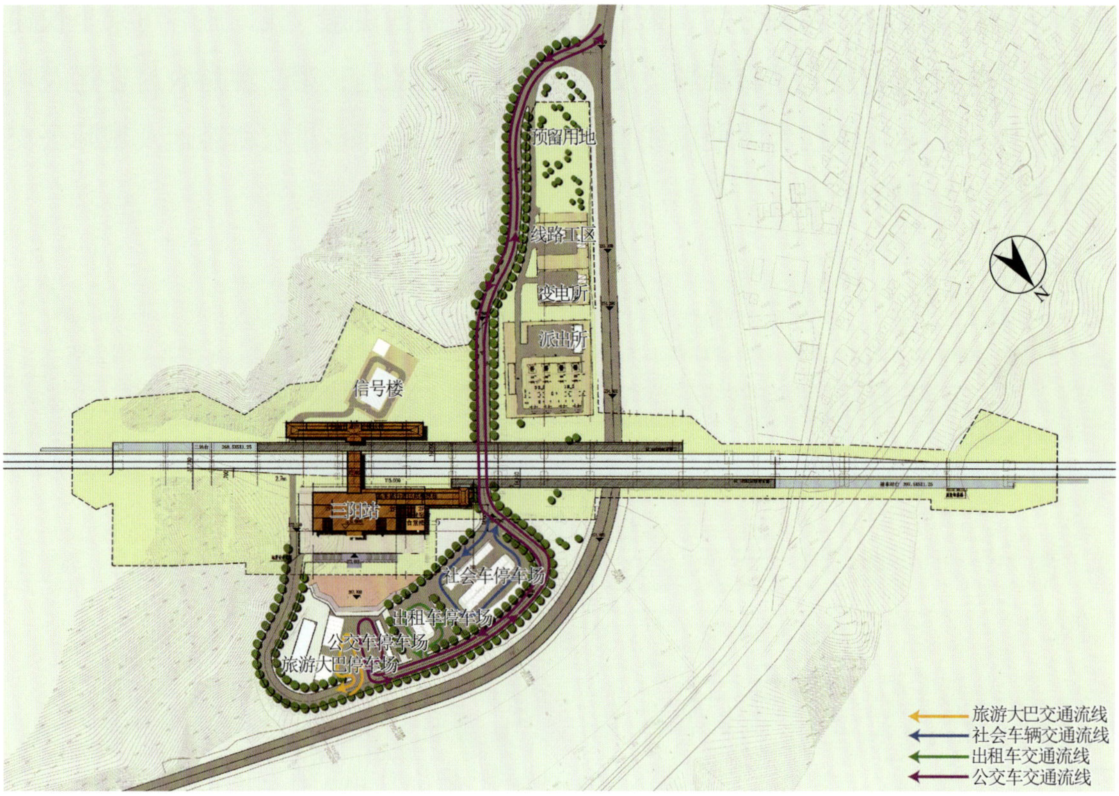

图 4-6　三阳站综合交通流线图

图 4-7　歙县北站综合交通流线图

停车场，广场东侧紧邻出站口设出租车和公交车场（图 4—4）。

建德站、黄山北站、三阳站、绩溪北站、千岛湖站、歙县北站出租车蓄车场和社会车辆停车场采用平面布局。黄山北站和建德站的出租车蓄车场均设在站前广场西侧地面（图 4—5）。三阳站出租车蓄车场和社会车辆停车场均设在站前广场北侧（图 4—6）。绩溪北站出租车蓄车场和社会车辆停车场设在站前广场东、西侧（图 4—8）。千岛湖站出租车上客点设在站房架空层北侧（图 4—9）；城市社会停车场和铁路自营社会停车场分别设在站房架空层南侧和东侧，铁路自营社会停车场内有共享新能源汽车，旅客凭驾驶证即可扫码租赁，方便快捷。

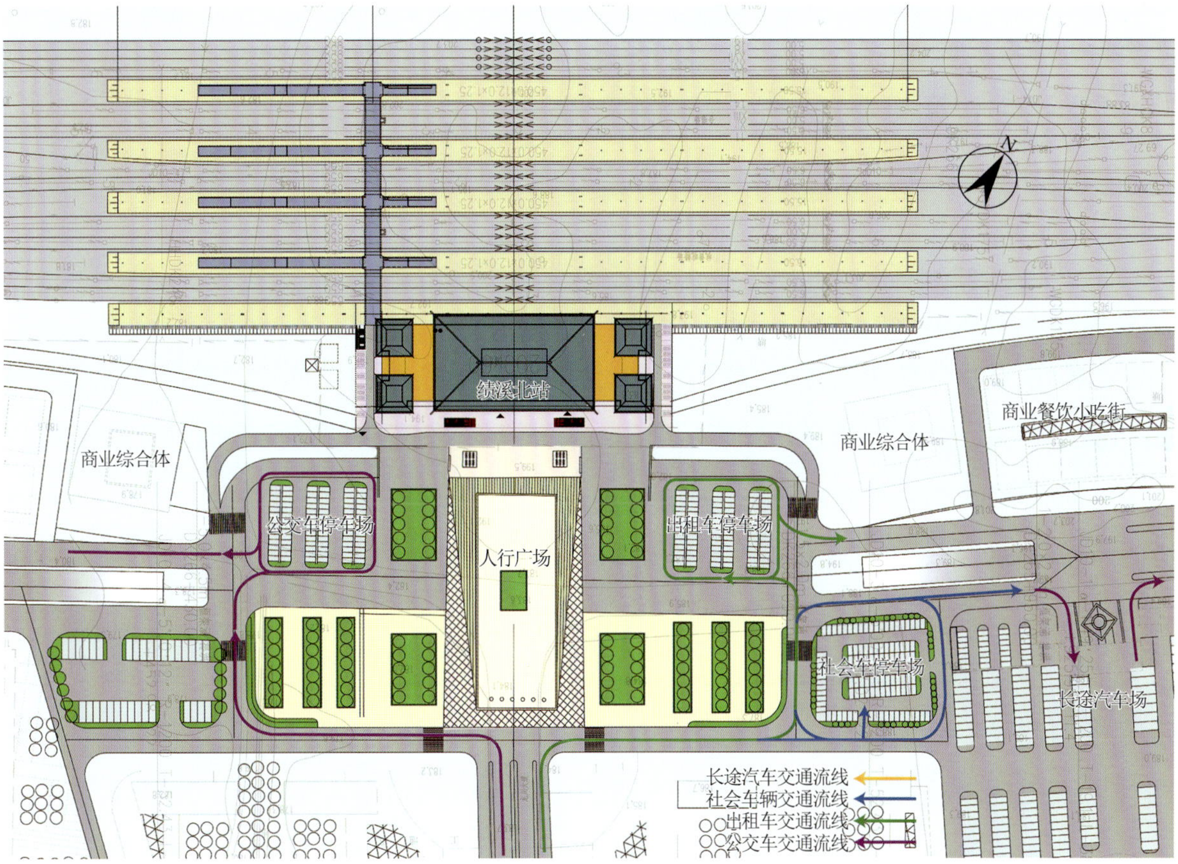

图 4—8 绩溪北站综合交通流线图

3. 与轨道交通的一体化衔接

杭州东站引入轨道交通 1 号线和 4 号线，与轨道交通车场呈重合式布局，站台层位于地下三层，城轨站厅层位于地下二层，地下一层结合铁路出站层换乘大厅设置地铁进出站口，实现了旅客不同交通方式在垂直层间的“无缝换乘”（图 4—3）。2019 年 9 月 25 日，杭州东站枢纽铁路换乘地铁开启免检模式，乘客从高铁出站后可免安

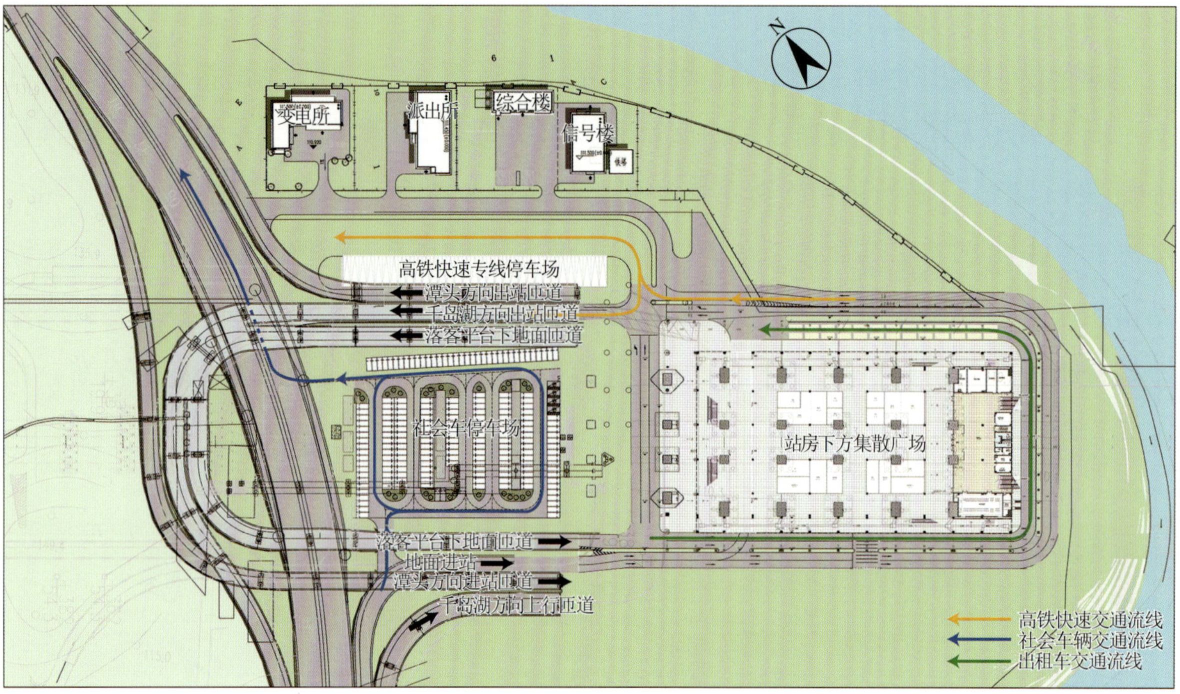

图 4–9　千岛湖站综合交通流线图

检直接进入地铁站乘车。

杭州南站引入轨道交通 5 号线，与轨道交通车场呈并列式布局，结合南站东广场出站层换乘大厅设置地铁进出站口，于开通之日起同步开启铁路换乘地铁免检模式。

4. 与旅游大巴、游船的一体化衔接

杭黄高铁沿线旅游城市众多，高铁车站作为旅游城市门户，特别定制旅游大巴和游船专线，为旅客提供更好的专享服务。

杭州东站东广场地面层设大巴车区，旅客可换乘大巴车前往风景胜地；桐庐站站前广场西侧设旅游大巴车场（图 4–4），旅游公交专线让旅客既能享受快捷高效的出行体验，更能领略黄公望笔下《富春大岭图》实景地的山水人文之美；绩溪北站站前广场北侧设旅游大巴车场，自杭黄高铁开通后，开设龙川景区和徽杭古道等景点的旅游专线；黄山北站设旅游大巴场，有黄山、西递、宏村、歙县古城、齐云村、呈坎等景区共 11 条定线旅游线路。

千岛湖站架空出站廊道北侧设旅游大巴车场，开通多条高铁旅游穿梭巴士线路。千岛湖站打造沿溪亲水景观平台，站房附近设游船码头，旅客可由广场步行至码头换乘小型游船游览千岛湖。千岛湖站是与 5A 级景区游船无缝换乘的高铁车站，实现了与市政配套的深度融合。

（三）低碳人性化的城市慢行交通接驳

为了缓解和避免环境问题，国家鼓励慢行，提倡高铁车站与慢行交通的良好换乘衔接。杭黄高铁在“以人为本、可持续发展”理念指导下，尝试构建与沿线高铁车站相适应的慢行交通体系，灵活设置步行通道和自行车停车场位置和规模。

杭州东站专门设置了从地下穿越铁路站场的步行和自行车道联系枢纽东、西广场，步行者可以从地下一层站厅通过，不受机动车的影响，车站两侧还设有地面大型带雨棚自行车停车场地。

杭州南站周边共设有 8 个公共自行车服务点，其中已建成并投入运营的有 4 个：最近的“商城中路商河路口”点有 32 个自行车位，距西广场出口仅 170 m；最远的“商业城管委会”点有 31 个自行车位，距西广场出口约 600 m；“杭州南站北”点有 55 个自行车位，距西广场出口约 200 m；地处站前路的“金马饭店北”点有 32 个车位，距西广场出口约 350 m。

桐庐站站前广场以中心弧形水域为轴呈基本对称布局，通过风雨连廊、景观道路营造出与桐庐地形相呼应的慢行系统，令广场内的步行道路和城市环境无缝对接，同时依照地方现有的路网规划及绿地规划新增步道（图 4–10），连接成棋盘状，搭建起整个桐庐的一体化慢行系统。

图 4–10　桐庐站站前广场自行车绿道

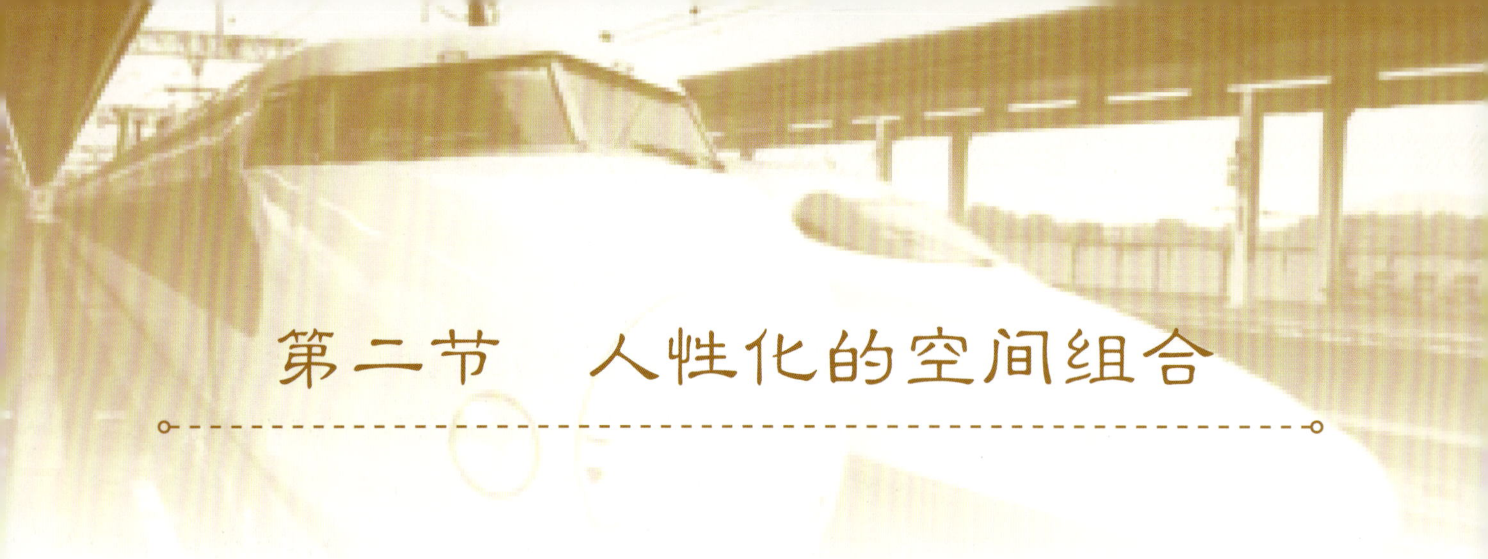

第二节 人性化的空间组合

铁路车站不仅是连接城市内外部交通的集散枢纽，也是功能复合、流线复杂的综合性空间，更是展示城市地域特色的建筑载体。现代铁路车站建筑设计向人本主义回归是时代进步的必然选择，车站的建筑规划设计要遵循“以人文本、以流为主”的理念。杭黄高铁沿线站房设计以人的行为特征和心理需求来组织空间，优化流线，实现高效出行，创造功能齐全、流线明晰、候车舒适、导向分明、空间人性化、设备完善先进的站房环境。

一、功能布局

铁路车站功能布局是铁路发展的关键。铁路车站作为旅客运输的生产组织基地和运输网络中客源集散、转运的节点，具有运输组织与管理、中转换乘、辅助服务等功能，其布局位置及方式不仅影响着旅客的出行，还对铁路的运营以及整个运输系统的效率具有重要影响。

铁路车站总平面布局包括站前广场、站房和站场客运设施（包括站台、雨棚等）三大部分。我国早期铁路车站以旅客乘降和列车整发为主要功能，多采用以候车大厅为主体的分散式平面布局，车站的站前广场、站房、站场以及外围服务设施等不同功能系统分开设置，均在同一平面上散开：站前广场承担人流、车流的集散功能，站房满足旅客进出站和候车需求，站场则用于旅客乘降列车。随着社会经济环境的发展，人们对最重要的交通建筑——铁路车站提出了更高的要求。铁路车站已经发展成为集交通、商业、办公、娱乐和餐饮等多种功能于一身的铁路综合体，它将站房、站场和站前广场作为一个有机整体，由最初的平面功能布局模式逐步向立体功能布局模式转变。空间布局朝着集约系统方向发展，功能空间朝着高度复合趋势演变，并与整个城市、整个区域的规划融为一体。

（一）系统化的空间布局

随着城市土地资源日趋紧张，当代铁路车站充分利用立体化、系统化的构成方式，将广场、站房、站场结合起来设计，既可以有效利用城市空间，又可以缩短旅客进出站流线距离，实现各种交通工具的无缝换乘。

在当代铁路车站空间布局模式系统化设计中，站前广场是较为特殊的一个空间，站前广场是城市公共空间系统的重要组成部分，兼有景观、绿化、商业开发等功能，同时，作为铁路车站的重要组成部分，还存在与建筑本身其他功能空间复合化的现象。当代铁路车站站房多采用高大的内部空间形态，设计中可以在大空间内进行自由与灵活性的空间划分，充分挖掘大空间多功能复合化的使用潜力，为空间多样性、适应性的发展提供更为广泛的可能性。站场最主要的空间要素是站台、站台雨棚及支撑柱，当代铁路车站对无站台柱雨棚与站房空间的系统化设计，使得站台空间也承担起候车空间的功能，实现了站台与候车空间的功能复合。

杭黄高铁进行车站空间布局设计时统一规划、整体设计，站型选择、站区规划不仅考虑铁路客运流量与城市交通容量，更注重与地理环境相适应，结合地形地貌、因地制宜，并且落实集约用地、充分利用站址空间。

1. 因地制宜，统筹规划

杭黄高铁为典型山区铁路，沿线站址环境特殊，站址大多位于风景名胜所在区，在融合于环境并满足使用功能的要求下，站型的选择、站区规划及跨线客运设施的设置都是挑战。因此杭黄高铁车站设计从限制条件入手，因地制宜，突破常规，提出了创新性的解决方案，其中千岛湖站和三阳站最具有代表性。

（1）千岛湖站

千岛湖站在站区规划时受以下几个条件限制：

①车站站坪设置场地非常有限，受05省道及潭头溪制约，整个规划用地较为狭窄，东、西向约300 m，南北向约200 m；

②站坪与站台高差较大；

③站坪周边溪流穿越，站场为桥、路基混合形式，对跨线客运设施设置影响较大。

④站址距景区较近，站区规划及单体设计需充分融入景区周边环境。

在这样的站址条件下，千岛湖站的设计者统筹规划，创新设计，实现铁路站房及配套设施的全部需求，并形成高效的旅客进出站及换乘接驳流线。

千岛湖站站台中心位于潭头溪，为更好地保护湿地环境，设计独树一帜将铁路站房偏置于站台中心西侧 170 m，结合站台面与地面高差，车站本着顺势建站、减少对自然地形改变的原则，采用线正下式站型，并将站房架空，在其正下方设置交通集散广场，充分利用桥下空间，取得了集约用地、缩短旅客进出站流线的良好效果。进站检票口设置于站房东侧，进、出站楼梯上跨潭头溪，旅客于站台中部集散，使车站在有限偏置的地理条件下实现旅客候、检、验功能，又确保了旅客乘降设施在站台上的均衡设置，将山地高铁车站别具一格的特色体现得淋漓尽致。站区西侧为通站城市主干道，设计互通立交，通过不同匝道将旅客送达各公共交通场地。互通立交北侧设置铁路生产生活用房，通过并栋及院落式组合，集约布置，满足铁路生产生活及一站一景的需求。千岛湖站平面布局图如图 4–11 所示。

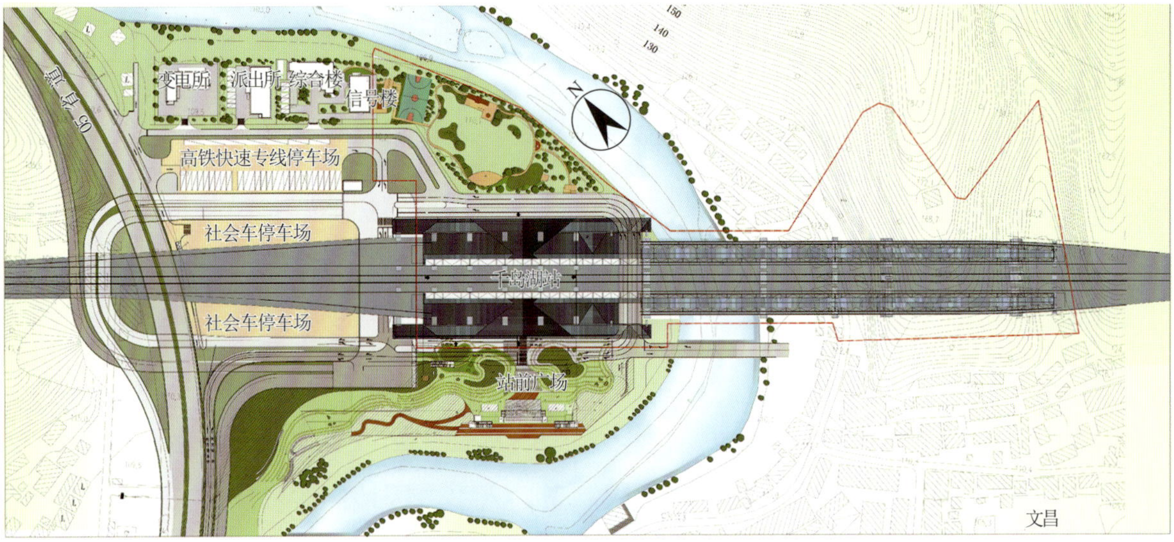

图 4–11　千岛湖站总平面图

站址三面环水，南侧城市集散广场结合自然地形的高低错落，采用坡地、叠台等处理手法与潭头溪湿地公园自然过渡，通过绿化坡地与高架匝道、地面广场自然衔接，为旅客创造出更为宜人的亲水平台、廊桥等室外空间（图 4–12）。

千岛湖站竖向布局体现“立体分层、人车分流”的设计理念，充分利用线路桥下近 20 m 净空，分层布置站房功能空间和配套城市交通设施，站前广场核心区采用立体化分层结构。千岛湖站由上至下共分为 3 个层次，分别为站台层、站厅层、广场层（图 4–13）。

①站台层：站台、铁路站场；

图 4—12　千岛湖站布局实景图

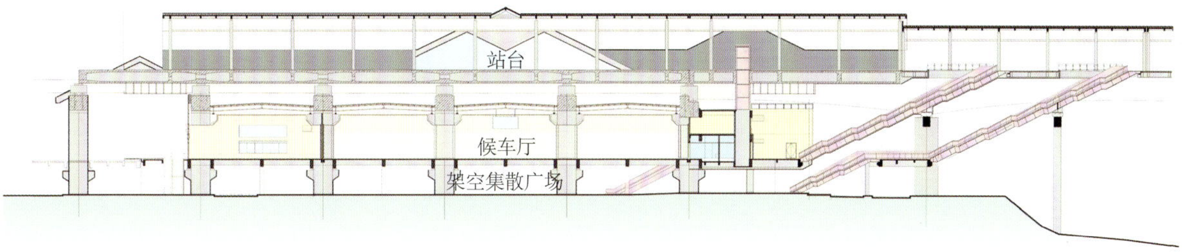

图 4—13　千岛湖站剖面图

②站厅层：主要设置售票厅、进站大厅、候车厅、旅客服务及办公设备用房等；

③广场层：为架空层，主要设置出站厅、步行集散广场和消防水泵等设备用房、地面停车场及商业配套。

（2）三阳站

三阳站站房与单身宿舍并栋设置，建筑面积 2 000 m²，位于安徽省歙县三阳镇，站址西侧紧靠石马山山麓，东侧毗邻昌源河，杭瑞景高速公路与三阳站隔溪而设，穿越杭黄站场。三阳站站区内地形起伏较大，属山岭重丘地形，地势北高南低、东高西低（图 4—14）。

图 4-14　三阳站所处位置地形地貌图

依托周边山地条件以及自然生态环境，充分利用既有的山地条件以及高差，三阳站的整体规划结构为“依山就势，扇形布局”。以车站为核心，顺应地势以及高差，各类车场围绕车站形成扇形布局。铁路桥南侧主要为生产生活用房片区，铁路桥北侧为站前广场综合片区（图 4-15）。

三阳站站台与原始场地高差达 30 m，结合特殊的地形及站场布局，采用台地式设计，顺应山势走向设计通站道路。竖向设计以基地的现状情况、地形地势、防灾要求和周边城镇道路的控制标高为依据，结合站区的空间形态规划意图来进行。结合整体规划要求，在竖向设计中以减少土方填挖量、做到土方平衡、保持原地形地貌特色为原则，用平坡式对规划区内地形加以利用改造。由上至下共分为 3 个层次，分别为站台层（图 4-16）、站厅层和广场层。

①站台层：站台、铁路站场；

②站厅层：主要设置售票厅、进站大厅、候车厅、旅客服务及办公设备用房等；

③广场层：主要设置车辆、行人步行集散广场。

三阳站站房规模较小，考虑站房整体形象与环境资源集约，首次尝试将站区单身宿舍与站房并栋（图 4-17）。上、下站台的跨线设施依山势而建，与站房紧密相连，

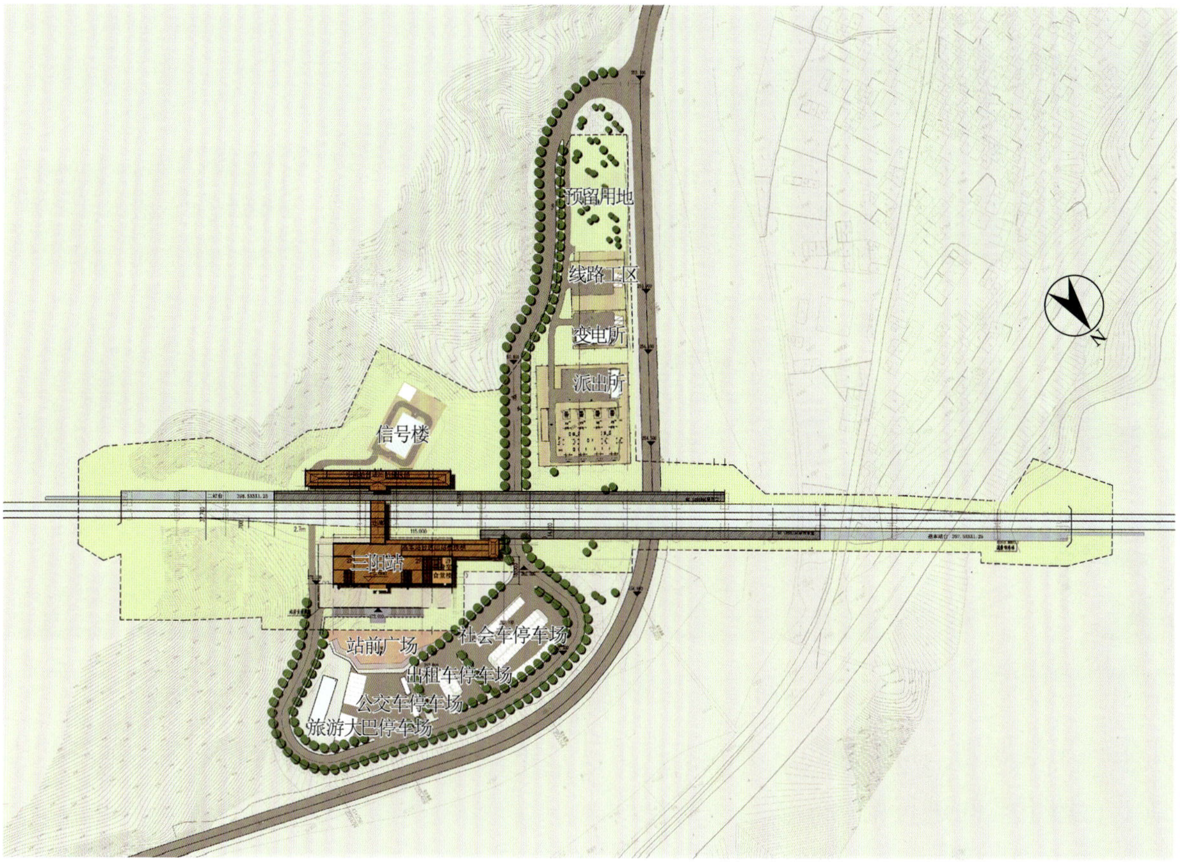

图 4–15 三阳站总平面图

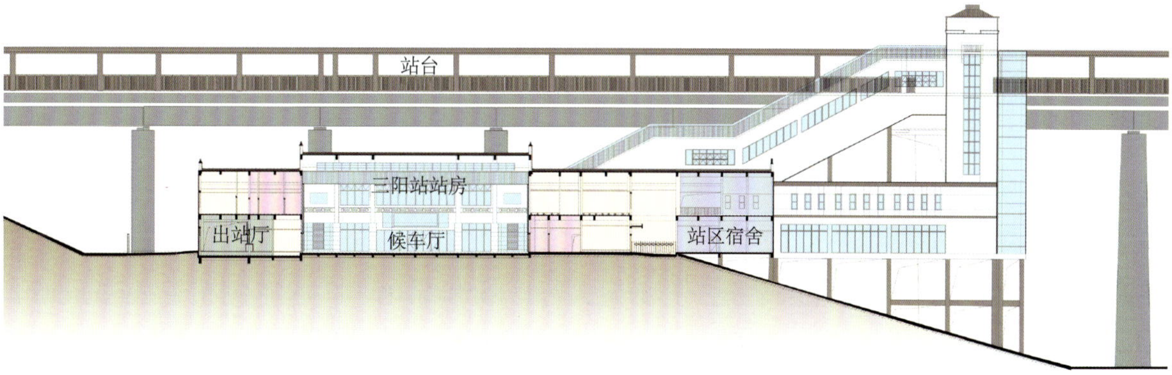

图 4–16 三阳站剖面图

旅客乘降便捷高效。

2. 集约用地，精巧布局

高速铁路车站选址和规模的确定需要节约城市土地资源，尽量不占或少占耕地，高效利用土地资源，提高土地利用的集约化程度。杭黄高铁沿线车站在规划中严格落

图 4–17　三阳站站房及单身宿舍楼

实集约用地原则，根据城市发展和地理条件，做到合理确定高铁车站规模，统筹利用地上、地下空间进行精巧布局。

（1）富阳站

富阳站总平面布局在充分研究城市环境、交通条件、地形地貌特征等的前提下，致力于创造具有鲜明地方特色的，以铁路客运为中心，集城市公交、旅游大巴车、出租车、社会车辆、城市轨道交通等多种交通设施及交通方式为一体的新型客运综合交通枢纽。

旅客车站与站前广场位于南北向中央轴线上，呈对称式布局（图 4–18），旅客站房采用线侧下形式，设有高架步行平台可将车站与各个车场以及城市配套功能区便捷联系。站前广场低于站台 12 m，主要为人行广场和绿化。广场东侧布置公交车场、旅游大巴车场以及配套商业设施；广场西侧布置社会车场以及配套商业设施，通过连续的步行系统与铁路站房便捷沟通，并共用交通设施。广场地下进行开发利用，布置社会车辆停车场和配套商业设施，方便换乘。站区内部道路与规划的城市道路直接相连，便于交通疏解。

富阳站（图 4–19）竖向布局体现“立体分层、人车分流”的设计理念，± 0.000 标高设在站厅层，由上至下共分为 4 个层次，分别是站台层、站厅层、广场层、地下层。

图 4–18　富阳站实景图

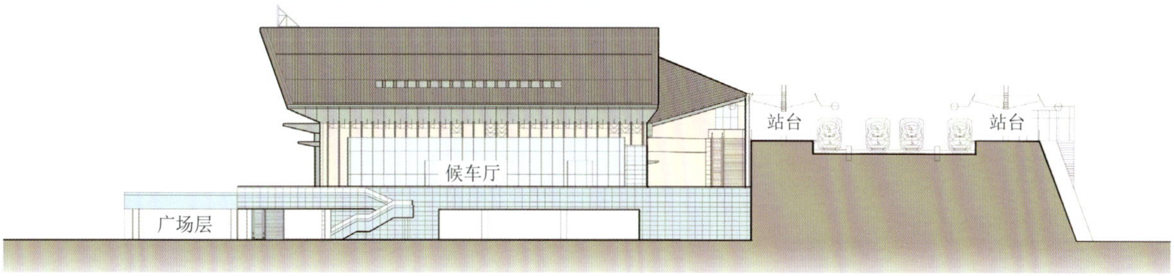

图 4–19　富阳站剖面图

（2）桐庐站

桐庐站总平面布局在充分研究区域环境、交通条件、地形地貌特征等的前提下，因地制宜，科学规划。站区由硕高路、规划站区南路、站东路、站西路围合而成，桐庐站位于站场以北，规划布局按照“集约用地、公交优先、大车地上、小车地下”的原则，以桐庐站为核心，紧密布置站前景观广场和城市配套车场。城市公交车场、出租车场紧邻站房出站口布置，位于广场东侧，在广场西侧布置城乡公交车场和旅游大巴车场，自备车场位于广场下方，形成与站房紧密结合的联系布置。集约紧凑的布局，力图打造功能完善、绿色高效的现代化交通枢纽。桐庐站总平面图如图 4-20 所示，实景图如图 4-21 所示。

图 4-20　桐庐站总平面图

图 4-21　桐庐站实景图

站房采用线侧下模式，±0.000 标高设在站房首层，由上至下共分为四个层次，分别是站台层、站厅层、广场层、地下层（图 4–22）。

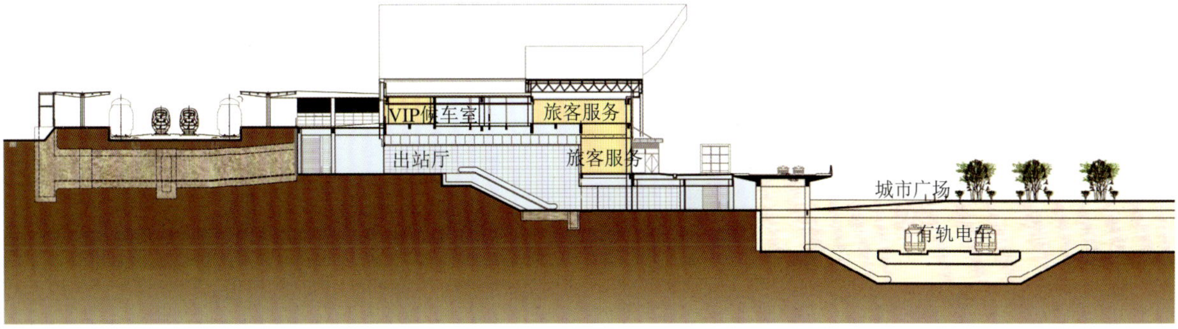

图 4–22　桐庐站剖面图

①站台层：旅客上下列车的区域；

②站厅层：主要设置进站大厅、候车厅、售票厅；

③广场层：人行集散广场，部分车辆停靠空间；

④地下层：地下停车场、出站厅、地下换乘大厅。

（3）建德站

建德站总平面图如图 4–23 所示。建德站位于深山之中，距离杭新景高速公路约 500 m，通过一条专用道路由城市进入站区。在充分研究区域环境、交通条件、地形地貌特征等的前提下，建德站采用立体式交通布局，旅客车站采用带高架广场平台线

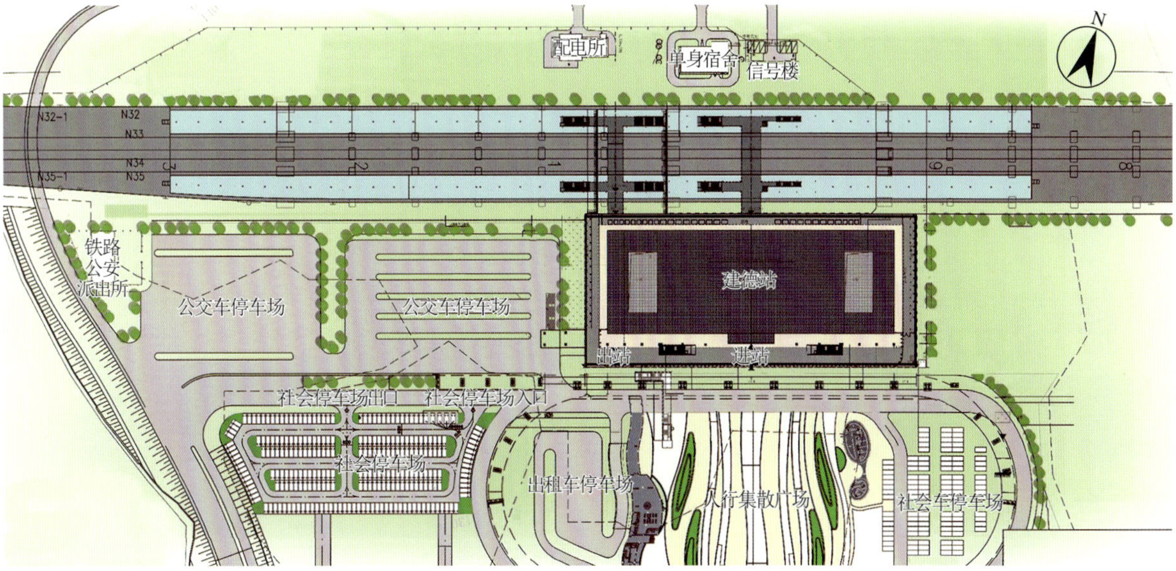

图 4–23　建德站总平面图

侧下模式。站房及高架广场位于站区东侧，公交车场站、出租车蓄车场及社会车停车场位于站区西侧。进站专用道路由东向西串联起站房、广场及交通设施场站。建德站实景图如图 4-24 所示。

图 4-24　建德站实景图

建德站竖向布局体现“立体分层、人车分流”的设计理念。由上至下共分为站台层、站厅层、城市广场（图 4-25）。

图 4-25　建德站剖面图

①站台层：站台、铁路站场；

②站厅层：步行广场、候车厅、出站厅、售票厅；

③城市广场：落客车道交通设施场站。

（二）复合化的功能空间

时代的发展使得乘客对出行品质的需求越来越高，高速铁路车站内部功能空间要向多样、安全、舒适的综合性交通建筑的方向发展。在 *The Modern Station* 中，Brian Edwards 将高速铁路车站的功能空间分成核心功能空间、站台功能空间和联系功能空间三部分，本部分将从这三个方面介绍杭黄高铁沿线车站复合化的功能空间设计。

1. 核心功能空间

核心功能空间即车站的中心，与车站的入口相连接，在所有的高速铁路车站中，核心功能空间都包括候车厅、售票厅、出站厅、卫生间及其他旅客可达的公共空间等。核心功能空间又包括交通功能空间和辅助功能空间。杭黄高铁在车站设计中通过对核心功能空间中各组成部分的合理优化组合，使核心空间集约化，提高了高铁车站的通过性和高效性。

（1）交通功能空间

交通功能空间是指与铁路运输、客运交通有关的功能空间，包括候车空间、交通进站大厅空间、出站换乘区空间等。交通功能空间提供铁路车站的基本使用功能，是车站必不可少的组成部分，交通空间承载旅客的必要活动，对于车站的运营有着十分重要的意义。交通功能空间可分为以平面综合厅为核心的集中式和以车站综合大厅为核心的立体化模式。

以平面综合厅为核心的集中式，能够简化候车空间在整个车站中的面积配比，并将其与售票、咨询以及核心交通部分整合在一个开放性很强的综合化大厅内。这种布局消除了以往封闭独立的空间，旅客进入大厅流线顺畅，很容易找到所要前往的位置，做到用较短的时间完成登车，旅客的行为表现为连续完整的过程。大厅内的不同空间可灵活划分，整个综合厅宽敞完整，采光通风很好。

杭黄高铁沿线车站中建德站是这一模式的典型代表，建德站站房主体一层主要设置旅客活动平台、主入口、候车大厅、售票厅及其他配套服务设施，地面广场层西侧面向交通设施场站设置出站厅，候车空间宽敞明亮，流线清晰，为旅客带来便捷舒适的出行体验（图 4–26、图 4–27）。

图 4–26 建德站候车大厅

图 4–27 建德站房平面图

以车站的综合大厅为核心，合理布置各功能设施，立体地组织各种人流和活动。这种模式平面布局更加简化，视线效果通透并可以获得良好的通风采光。宽敞的空间使乘客的目的地一目了然，避免了因为找不到目标而产生的焦虑感，增强了车站的通行能力。

桐庐站站房主体两层，一层为地面层，主要设置进站大厅、中间站台候车室、售票厅、出站厅，前往杭州方向的旅客将由一层进站口通过进出站通道，到达 2 号站台候车；二层为站台层，设置双层候车室以及办公、设备及车站配套用房。前往不同站台的旅客分层候车，方便进站管理，旅客方向和目标更加清晰，增强了旅客的通过能力（图 4-28、图 4-29）。

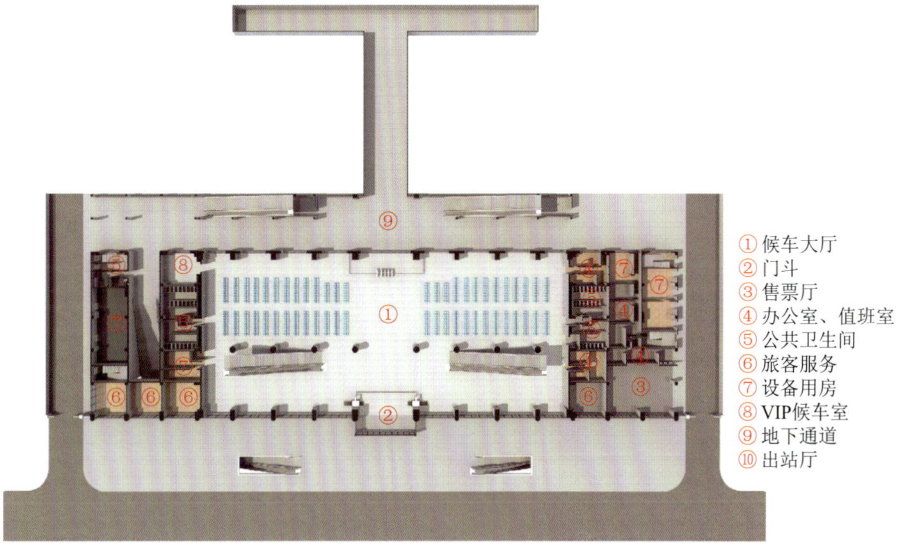

图 4-28　桐庐站地面层平面图

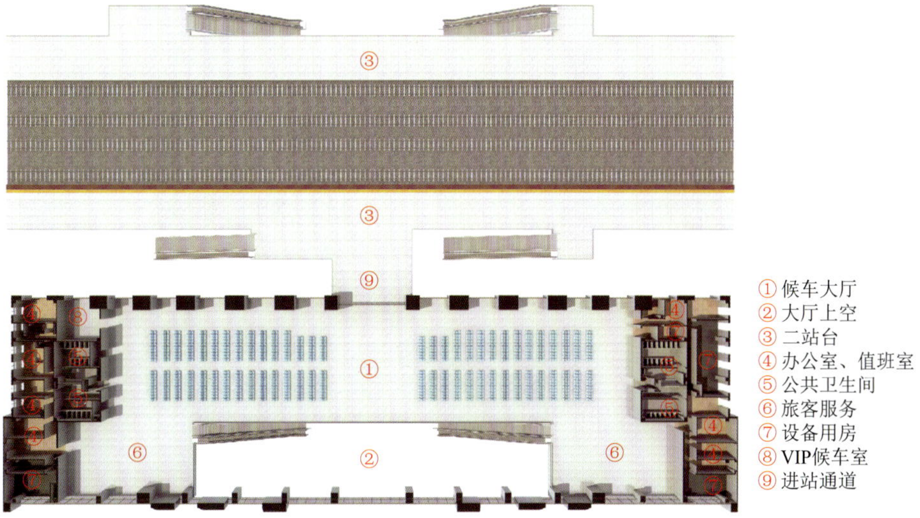

图 4-29　桐庐站站台层平面图

（2）辅助功能空间

辅助功能空间是指与旅客乘坐交通工具没有必然联系的功能空间，增加辅助功能空间不仅是车站自身功能复合化的表现，也是其体现部分城市职能的重要手段。服务功能空间的设置使铁路车站成为承载现代社会生活的一个重要城市节点，将商业、金融、餐饮、信息、娱乐、文化等设施都广泛地吸纳进车站的功能之中，成为较为全面的服务系统，是车站人性化的重要体现。

辅助空间立体分布适合于规模较大的高铁车站，通过对车站竖向的空间拓展，来实现辅助功能空间的设置。在主要行车空间的上下层面布置辅助服务空间，这种布局方式减少了辅助功能空间与交通功能空间之间可能形成的妨碍，辅助功能空间与主要交通功能空间通过各种共享空间相互联系。

在商业立体形态上，杭州东站站房中采用了独立式立体形态（图 4–30）。立体商业的夹层部分与平层部分相互独立，夹层商业流线通过外部公共交通解决，形成完整独立的夹层商业空间。夹层商业空间为提前进站消费休息的人群提供了相对安静的环境，自动扶梯与电梯的使用也便于旅客上下，且独立的商业夹层分流部分商业消费旅客，减少候车厅内流线干扰。

图 4–30　杭州东站候车大厅

杭黄沿线中小型车站将卫生间、饮水间、母婴室等空间分布在候车区的两侧，空间布置明确清晰，方便旅客及时获取相关服务。

2. 站台功能空间

旅客站台是铁路客运重要设备，它不仅要满足旅客乘降通行、安全的需要，还是提供铁路服务、体现铁路企业服务形象的重要平台。铁路运输工程的发展过程中，铁路站台雨棚的结构形式也发生了较大改变，除木架、砖混结构、混凝土结构外，钢结构雨棚屋面已经得到了广泛应用。传统的站台空间只提供短暂候车，现今高铁车站的站台空间则应包含更丰富的内容，以适应新的要求。

高铁车站站台雨棚（尤其是站台立柱小雨棚）屋面变形缝常采用双柱或悬挑方式处理，导致站台雨棚柱距不均匀，而且雨棚管线或明露于屋面板下方不美观，或预埋至结构层后期检修不便。为解决这些问题，杭黄高铁沿线站房开展专题设计，变形缝采用牛腿搭接形式（图 4—31、图 4—32）。桐庐、建德（图 4—33）、三阳三站为钢结构雨棚，雨棚结构板下方设置顺轨方向通长结构檩条，檩条上方设置通长角钢，利用角钢的空间巧妙隐藏管线，使站台空间更加整洁美观。

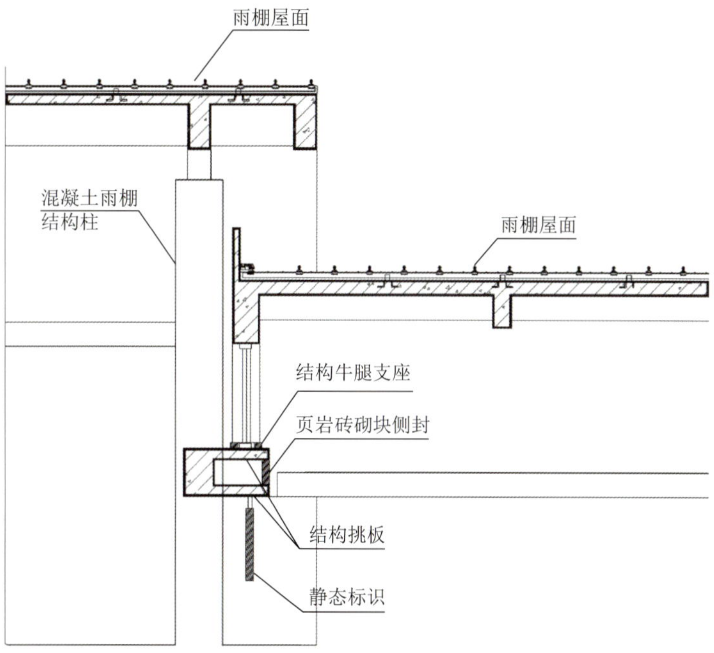

图 4—31　千岛湖站站台雨棚牛腿搭接节点图

建筑空间要进行一体化的布局，突破自身的封闭状态，建立紧凑、高效的运转体系，这就要求打开站场与站房的空间界面，使两者有机地结合起来。千岛湖站站台雨

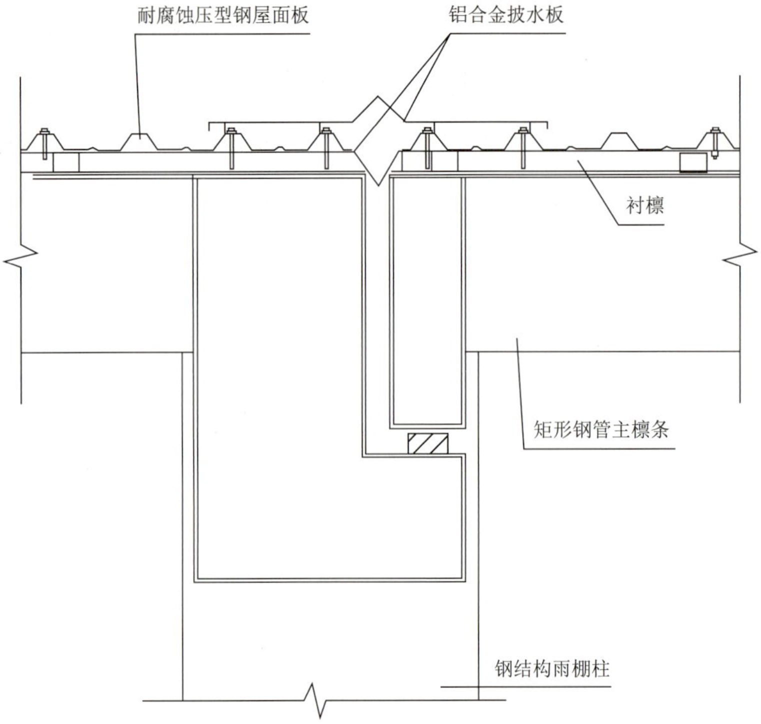

图 4—32　杭黄沿线车站钢结构雨棚牛腿搭接节点图

图 4—33　建德站台雨棚

棚结合站房造型，首次实现混凝土站棚一体化设计，雨棚采用钢筋混凝土结构形式，同时在雨棚柱内侧上部挑板作为管线隐藏之处（图 4—34、图 4—35）。旅客在站房内可以直接乘坐扶梯进入站台乘车，便于旅客快速通过，同时最大限度地给站台上候车的旅客留下了活动空间，带来宽敞、通透的视觉感受。

图 4—34 千岛湖站站房雨棚一体化设计

3. 联系功能空间

联系空间是指车站内的天桥、地下通道等跨线设施和多个交通换乘厅。在交通建筑中，联系空间是多样性的，无论是车站内部各空间之间还是与外部空间的联系都达到了空前的紧密和便捷，电梯、自动扶梯、天桥构成了一个流动的空间形象。联系空间还要重视视觉引导，好的视觉导引比起复杂烦琐的引导牌更直观和友好，满足高铁车站旅客的心理需求。

杭黄高铁沿线车站站房前旅客活动平台通过楼扶梯与城市广场连接，旅客可通过广场前楼扶梯上至平台，进入候车大厅。线侧下式、线正下式车站为方便旅客检票后快速抵达站台，都设置了自动扶梯及垂直电梯，垂直电梯为无机房景观电梯，按无障碍要求设计，线侧平式车站旅客则通过单向通道直接进入站台空间。同时，旅客下车出站也可以乘坐电梯进入地下换乘大厅，建德站西侧还设置了城市换乘廊道，廊道内设

图 4-35　千岛湖站雨棚

楼扶梯与停车场相连。杭黄高铁沿线车站各电梯或出入口都有明确直观的方向导引和标志，方便游客及时获取方位信息，缩短进出站时间（图 4-36、图 4-37）。

图 4-36　杭州东站楼扶梯处吊挂式和落地式标识

图 4—37　桐庐站出站口处标识

二、流线设计

流线是指交通主体因流程活动而形成的空间流动轨迹，是交通主体活动地点的空间有序集合。在铁路客运枢纽中表现为由于各类人员、车辆物品的集散活动产生的流动过程和流动路线。流线设计是对枢纽功能布局的规划，指借助功能分区、建筑空间设计、设备设施设计、标志引导系统设计等手段，根据交通主体在建筑内的行为活动规律来设计其在整个建筑空间内的交通路径，通过对建筑功能空间不同的可达性以及路径顺序的设置，将建筑内不同的功能空间合理地联系及组织起来，实现枢纽的交通服务功能。

流线设计是铁路车站设计工作的核心内容，是对车站功能布局是否合理的验证，是车站设计的灵魂。铁路车站是一个规模庞大、功能复杂的交通体系，涉及车站内外人流、车流的交通组织。科学合理的流线设计会提高旅客在各种交通方式之间换乘的安全度、便捷度和舒适度，还会提高铁路车站内各种设施的服务效率和整体服务水平。

（一）各行其道的车辆流线

1. 车辆流线概念及设计原则

车辆流线是指公交车、出租车、社会车辆等各类城市交通车辆进出高铁车站的行驶路线。公交车流线指地面公交车辆在高铁车站内部以及周围的行驶线路，出租车和社会车辆流线包括停车场内部流线和与高铁车站衔接的外部流线。

车辆流线设计应与城市交通配合，规划好各种车辆的停靠位置和场所，尽量减少交叉干扰，使旅客迅速乘车疏散。车辆流线应将接驳点尽量靠近站房区域设计，以保证高效便捷的交通换乘，但为了保证旅客安全，车辆应尽量不穿越旅客步行区；高铁站区要明确划分各类车辆共有和专用的交通体系，根据各类交通工具的特点及站点位置，考虑好站前广场与周边区域交通的衔接，广场内停车区域尽量独立，进入广场后的各类交通线路应表现出一定的专用特征。

2. 杭黄高铁车站车辆流线设计

杭黄高铁沿线铁路车站结合城市道路，以站房与站前广场、站场的总体布局为依据，科学规划各类车辆流线，既保证了车辆在高铁站内有序流动、各行其道，又做到了人车分流，车辆流线与旅客步行区域互不交叉。

杭黄高铁沿线中小型高铁车站中，三阳站站前广场较为平坦，歙县北站站房与站前广场无高差，总体布局在平面上依次铺开，站前广场平面划分各类车辆活动区域，进出流线水平分流。三阳站各类交通车场在站前广场分区平面布置，车辆流线均呈逆时针方向通行，自南向北进站，经各类车场停车点，载客后自北向南出站（图 4–6）。歙县北站各类交通车场在站前广场分区平面布置。公交车由站前大道转入广场西南侧道路，由开设在广场西南侧道路北端的入口进，西南侧道路南端出；出租车和社会车辆从站前大道转入广场东侧道路，由广场东侧道路北端进入停车场，东侧道路南端驶出（图 4–7）；长途汽车由站前大道转入广场西侧道路，进入长途车站停车场。

富阳站、桐庐站（图 4–4）、建德站（图 4–5）和黄山北站通过站前广场和高架广场进行交通流线设计，各类车辆停靠布局在站前广场进行地面分流，采用局部立体高架桥的形式，方便旅客搭乘交通工具直接抵达进站口，进入高架候车室。以黄山北站为例，黄山北站的交通形式为“高进低出”，以高架平台为纽带实现核心区的交通流线组织。出租车或社会车辆在站房前设置的高架平台进行落客，方便旅客直接进入售票厅和候车厅；常规公交、定线旅游巴士、出租车候车区等均设置在地面层，方便旅客出站乘车。常规公交以圆环形式布设在广场西侧，蓄车场道路联系站前大道，通过站前大道与托山路交叉口实现各方向的交通换乘；定线旅游大巴以圆环形式布设于广场东侧，通过落客高架道路进入广场上下客后离开广场，驶入站前大道；出租车换乘区位于广场东侧，通过蓄车场道路连接站前大道和落客高架道路。

千岛湖站以出站厅及架空出站廊道为中心，城市综合交通通过站前广场和高架道路进行流线设计。公交车流线呈逆时针方向通行，由南向北经地面进站道路进站，入站后进入站内公交上、下客区，出站自北侧分别经地面出站道路、C 匝道高架道路前往文昌和淳安。旅游大巴流线设计有两种，文昌方向旅游大巴车先进入平台层后经 B 匝道进入地面层，再经旅游大巴通道进入地面大巴停车场载客离开；淳安县城方向旅游大巴车先经地面道路进站，再经循环道路绕行进入大巴停车场载客后上匝道离站。出租车与社会车辆流线相似，经互通匝道进入平台层落客，直接经互通匝道离站，或经互通匝道循环绕行至地面道路排队载客（图 4—9）。

杭黄高铁沿线大型高铁车站中，杭州东站和杭州南站综合利用站前广场、高架道路和地下广场，同时设置高架候车室和地下出站厅，由广场上的高架匝道和出站通道引导车流。以杭州东站为例进行详细介绍。杭州东站将外围四条快速路设计为高架道路，地铁、公交、出租车和社会车辆等各类城市交通全部置于广场地下空间，采用下穿隧道解决过境交通，将东西广场的交通联系在一起，使东西广场交通相互疏散，减轻地面交通压力；高架落客平台进行四面全覆盖，为进站及换乘旅客提供全天候的半室外空间。站场东侧到站公交车从下宁路右转广场北侧道路进站，在公交站落客区落客后，直接到达停车场公交站台上客点，上客后从广场南侧道路离开；送客出租车经北侧高架道路到达进站厅，下客后可直接离开，需等待接客的出租车通过循环道路进入东广场地下出租车停车场等候排队，接客后离开；送客社会车辆经南北侧高架道路到达进站厅，下客后可直接离开，需等待接客的社会车辆分别进入东、西广场的地下社会停车场等待，接客后离开。

（二）清晰便捷的旅客流线

1. 旅客流线概念及内容

旅客流线是旅客在高铁车站内进行集散活动时形成的流动路线，包括进站流线和出站流线。旅客流线设计是为了使旅客实现枢纽内部功能区的转化，借助导向标识在流线关键节点位置上帮助乘客做出路径决策，迅速将入站旅客引导至站台，在最短时间将出站旅客疏散给城市交通。

旅客进站流线（图 4—38）：进站客流在检票前比较分散，旅客在到站之后或乘列车离开之前的活动内容多、范围广，包括去购票、候车、就餐、购物、会友等。旅客进站流线一般为：旅客通过各类城市交通到达高铁车站，前往售票厅或自助售票处购票，办理行李托运，利用车站的综合服务设施购物、就餐、候车，检票后通过地道、天桥或地面通道等到达站台乘车离开。

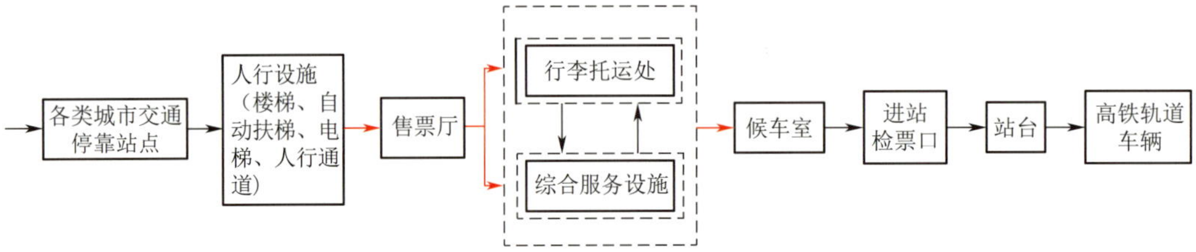

图 4—38　旅客进站流线示意图

注：①→表示可能的环节；→表示一般的环节。
②综合服务设施是指铁路客运枢纽内为旅客提供的就餐、购物、娱乐、休闲等综合旅行服务设施。
③安检是城际旅客必须经过的环节，安检大厅一般设置在车站进站入口或候车室入口处，对整个流线影响较小，故未在流线图中体现。

旅客根据出行需要的不同并不完全按照上述流程进行。自动售票设备的应用和互联网购票的普及，使旅客进站流线中可除去售票厅购票环节；不需要办理行李托运或不利用综合服务设施的旅客可直接进入候车厅候车；旅行经验丰富的旅客可在发车前规定时间内适时赶到，不需要在候车厅内长时间候车，可直接前往检票口检票经站台上车；另外，配套的商业、餐饮区也是候车区的补充，分流了部分候车旅客，为了使这部分旅客在站内顺畅通行，在进行流线设计时会为其专门设置“绿色通道”，将这部分旅客流线与候车客流严格分开。

旅客出站流线（图 4—39）：旅客的出站流线是进站流线的相反过程，即旅客乘坐列车到达高铁车站后换乘各类城市交通的过程。出站旅客的特点是人流集中，密度大，走行速度快，办理手续少，使用站房的时间短。旅客出站流线一般为：到站验票提取行李、就餐、购物等，换乘各类城市交通离开。

2. 杭黄高铁车站旅客流线设计

（1）“上进下出”为主的旅客流线

杭州东站和杭州南站采用“上进下出为主、下进下出为辅”的站房流线组织形式，以高架进站和地道出站的“上进下出”流线方式为主，在地下一层设置“下进下出”

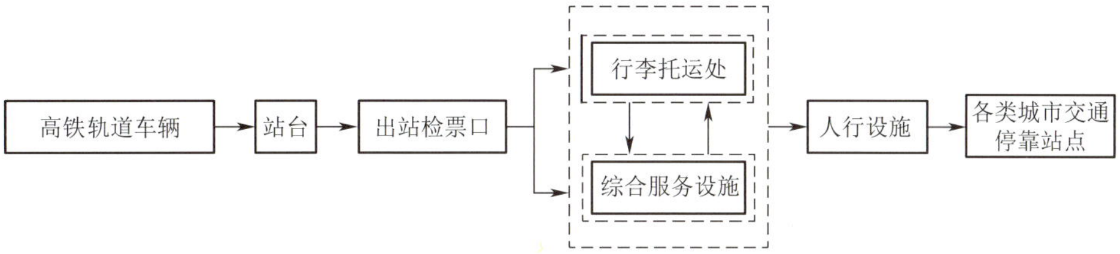

图 4—39　旅客出站流线示意图

流线满足轨道交通与铁路之间的快速换乘，与站房平台设置“平进”流线，满足基本站台旅客和贵宾等的进站需求。

杭州东站分别在站台层东西两侧的站房、候车层的东西两端以及南北的腰部位置设置多个进站空间，方便组织旅客多方向、多层次进站。地铁旅客到站后，先到达换乘层，再乘坐东西两侧的自动扶梯到达城市通廊，在此与公交车客流汇合，之后乘坐扶梯到达二层落客平台，由候车层南北进站口进站；出租车、社会车辆旅客在站房四周的落客平台均可以下车，之后进入相应的进站口。

杭州南站东西广场步行和公交旅客从广场进入进站大厅；出租车和社会车辆旅客通过高架道路进站上车；地铁旅客从东西站房进入高架候车，也可从地下空间快速进站；贵宾设专用通道进站。乘列车到达杭州南站的出站旅客经地下出站厅直接换乘地铁、出租车和社会车辆，或通过地下空间直接到达长途和公交站场，也可乘扶梯到达广场换乘其他公共交通。

绩溪北站、黄山北站采用“上进下出”的站房流线组织形式，天桥进站，地道出站。

绩溪北站出租车、社会车辆旅客由高架车道行至高架旅客活动平台，进入进站大厅到达候车区；公交和长途车旅客经站前路进入站前广场落客区，进入进站大厅到达候车区。乘列车到达绩溪北站的到站旅客经出站地道抵达出站厅，检票出站后换乘各类交通工具（图 4—40）。

黄山北站进站旅客由高架车道行至高架旅客活动平台，由进站大厅进站，在基本站台上车的旅客在一层候车厅候车，检票后直接进入基本站台上车，从其他站台上车的旅客可在一层候车厅候车，检票后通过基本站台侧的楼扶梯上至进站天桥，然后通过天桥楼扶梯下至各站台上车，也可通过进站大厅的两组楼扶梯上至二层候车室候车，检票后经过进站天桥的楼梯下至各个站台上车。乘列车到达黄山北站的到站旅客经出站地道抵达出站厅，通过步行广场到达常规公交、旅游巴士、出租车和非机动车等停车点，通过连廊到达长途汽车站（图 4—41）。

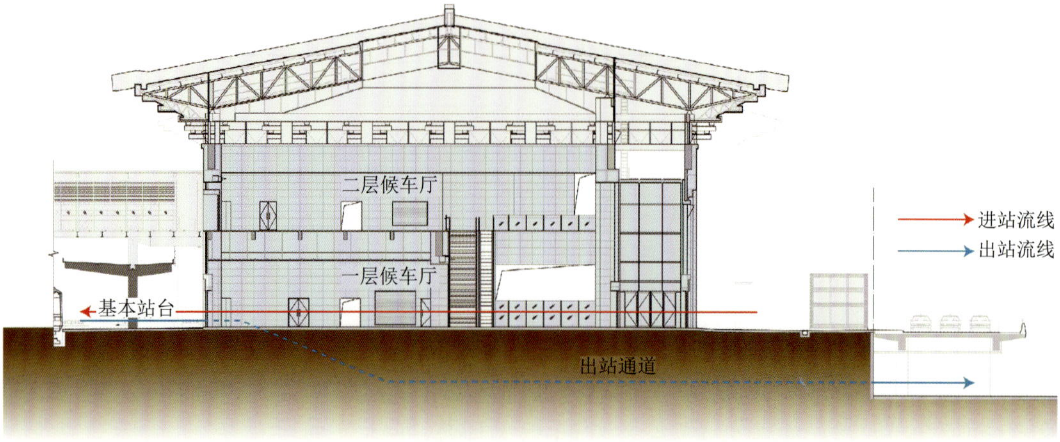

图 4-40　绩溪北站旅客进出站流线图

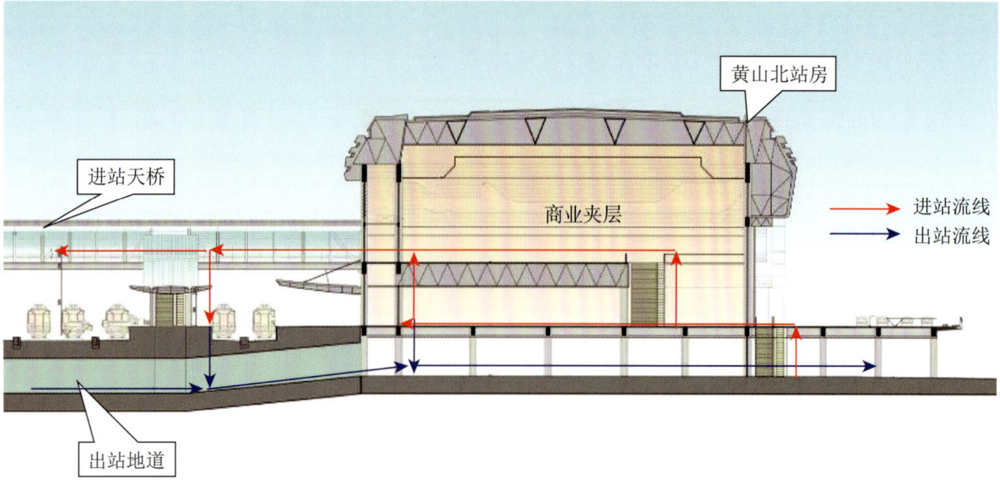

图 4-41　黄山北站旅客进出站流线图

（2）“下进下出”为主的旅客流线

富阳站、桐庐站、建德站、千岛湖站、歙县北站均采用“下进下出”的站房流线组织形式。

富阳站进站旅客通过各类交通场站进入站房一层到达层，在基本站台上车的旅客，经自动扶梯上至二层，过进站大厅后进入二层候车室，通过栈桥抵达基本站台检票上车，在二站台上车的旅客，从一层候车室经进站地道抵达二站台检票上车。乘列车到达富阳站的出站旅客经出站楼扶梯到达出站厅出站，然后换乘各类交通工具（图 4-42）。

桐庐站进站旅客通过各类交通场站进入站房一层到达层，在基本站台上车的旅客，

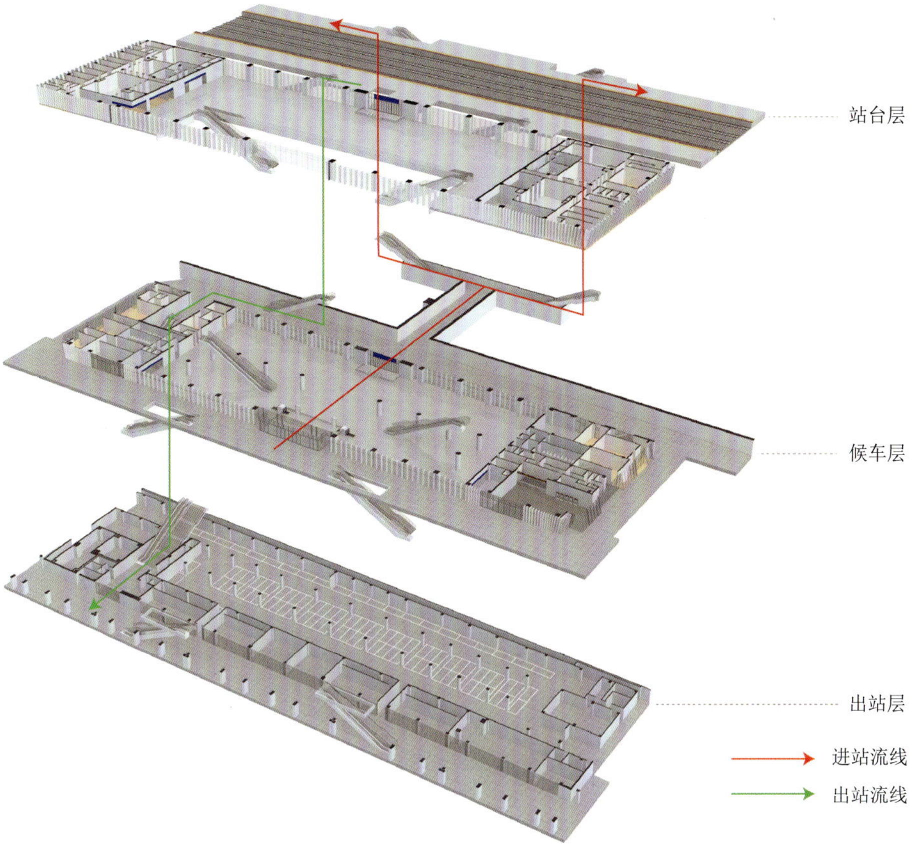

图 4-42　富阳站旅客进出站流线图

经自动扶梯上至二层，过进站大厅后进入二层候车室，通过栈桥抵达基本站台检票上车，在中间站台上车的旅客，从一层候车室经进站地道抵达中间站台检票上车。乘列车到达桐庐站的出站旅客经出站楼扶梯到达出站厅出站，然后换乘各类交通工具（图 4-43）。

乘坐长途汽车或公交车到达建德站的旅客通过地面车道下车，经由垂直交通设施上至高架站厅层；出租车或私家车送站车辆可直接通过高架桥行至站厅层，经由进站大厅进入站房内候车。乘列车到达建德站的到站旅客经地道和垂直交通设施到达出站厅，出站后通过与广场衔接的换乘通廊行至各交通场站换乘（图 4-44）。

千岛湖站出租车、社会车辆旅客由高架车道行至高架旅客活动平台，进入进站大厅，通过自动扶梯上到候车大厅，经检票口检票后乘自动扶梯上至站台层上车；公交旅客由地面公交站台经自动扶梯上到二层站厅层进站，进入候车大厅后经检票口检票并乘自动扶梯到达站台层上车。乘列车到达千岛湖站的到站旅客经垂直交通设施下至地面出站厅换乘公交车、出租车及社会车辆等（图 4-45）。

歙县北站公交车、出租车和社会车辆旅客下车后由步行广场直接进站，进入候车室或

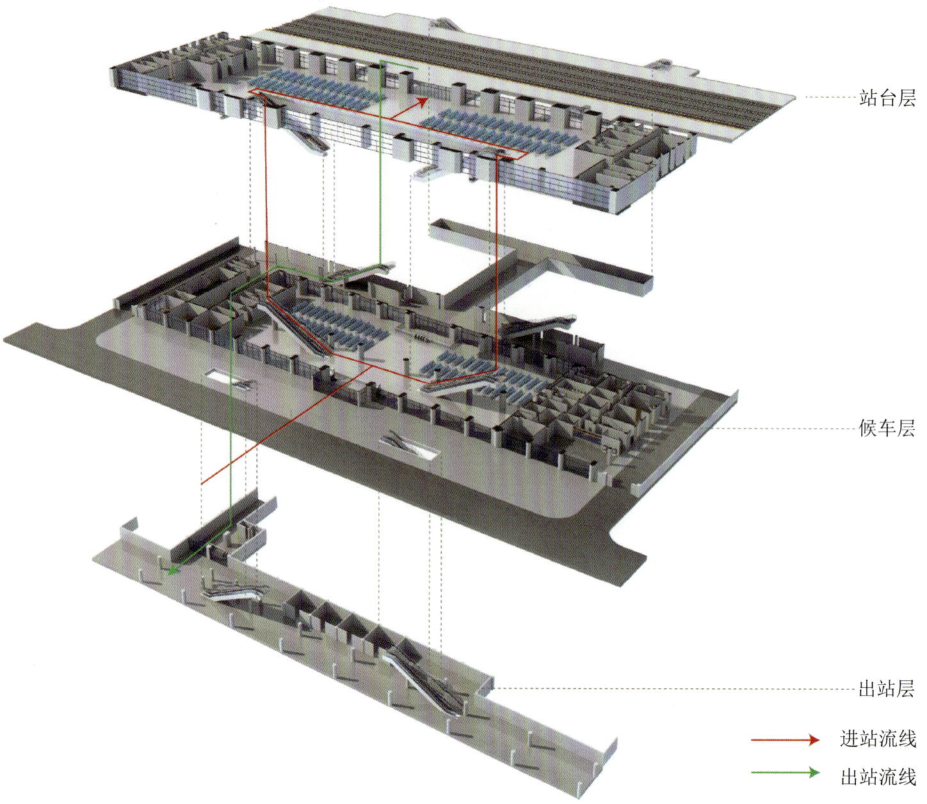

图 4—43　桐庐站旅客进出站流线图

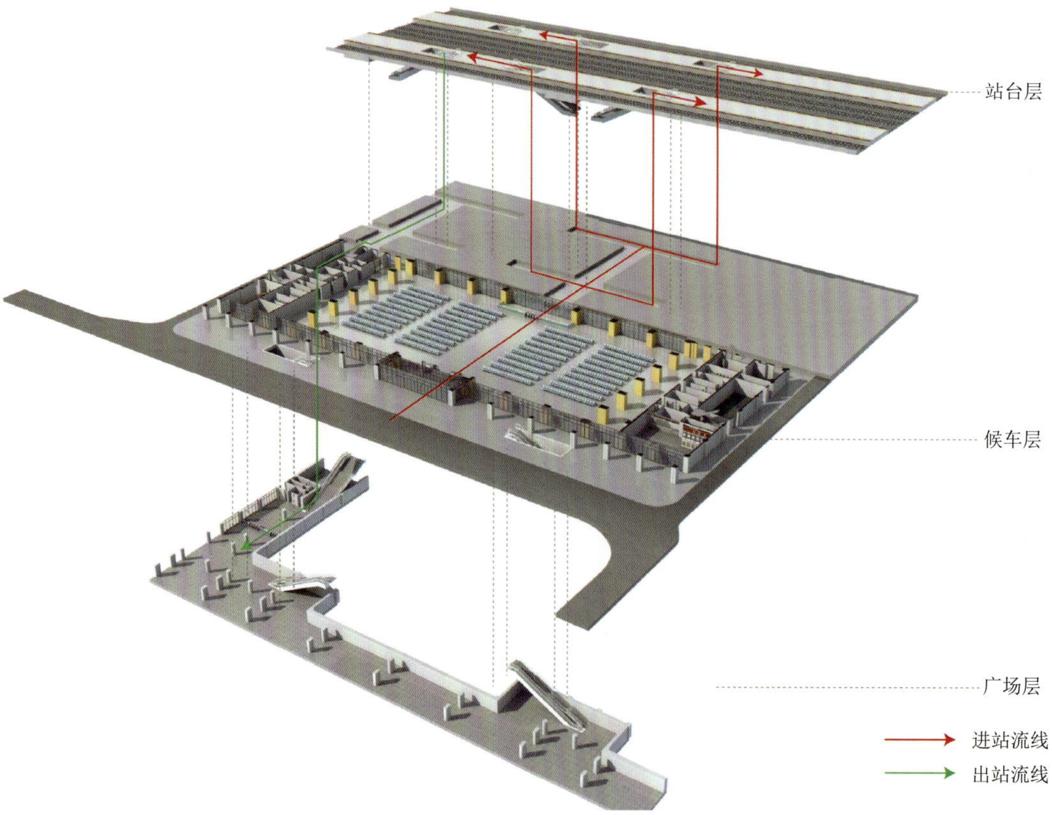

图 4—44　建德站旅客进出站流线图

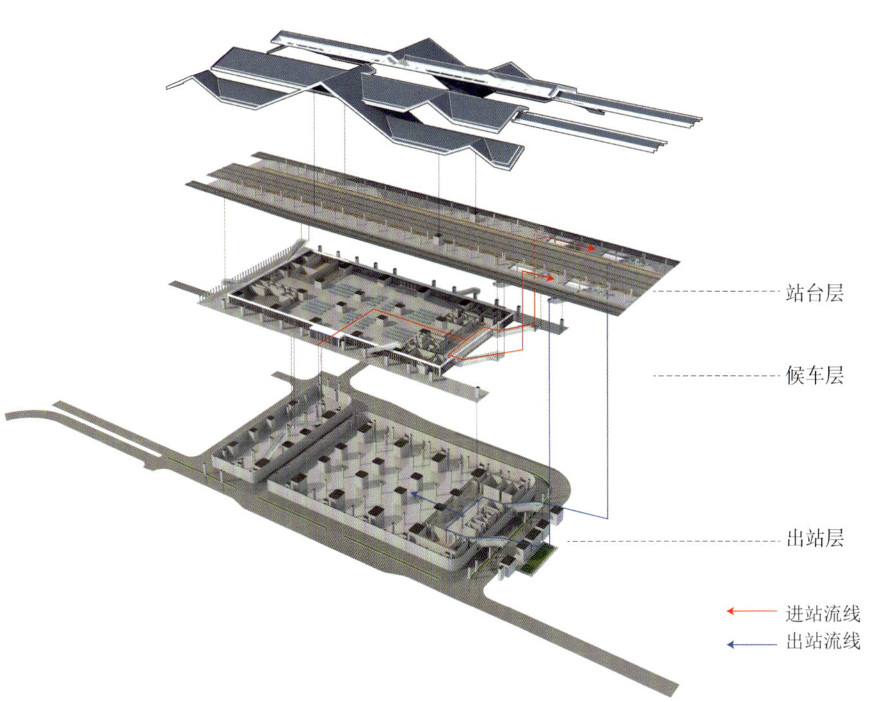

图 4–45 千岛湖站进出站流线剖面图

售票厅，检票后穿过站台上车；长途汽车站下车旅客经站前广场南侧道路进入站前广场，步行进站候车检票。乘列车到达歙县北站的旅客，检票出站后通过站房前步行通道直接进入各种机动车候客区换乘，旅客出站后还可进入站前广场综合区，步行穿越站前大道至车站南部的商业区及北部新城等其他区域（图 4–46）。

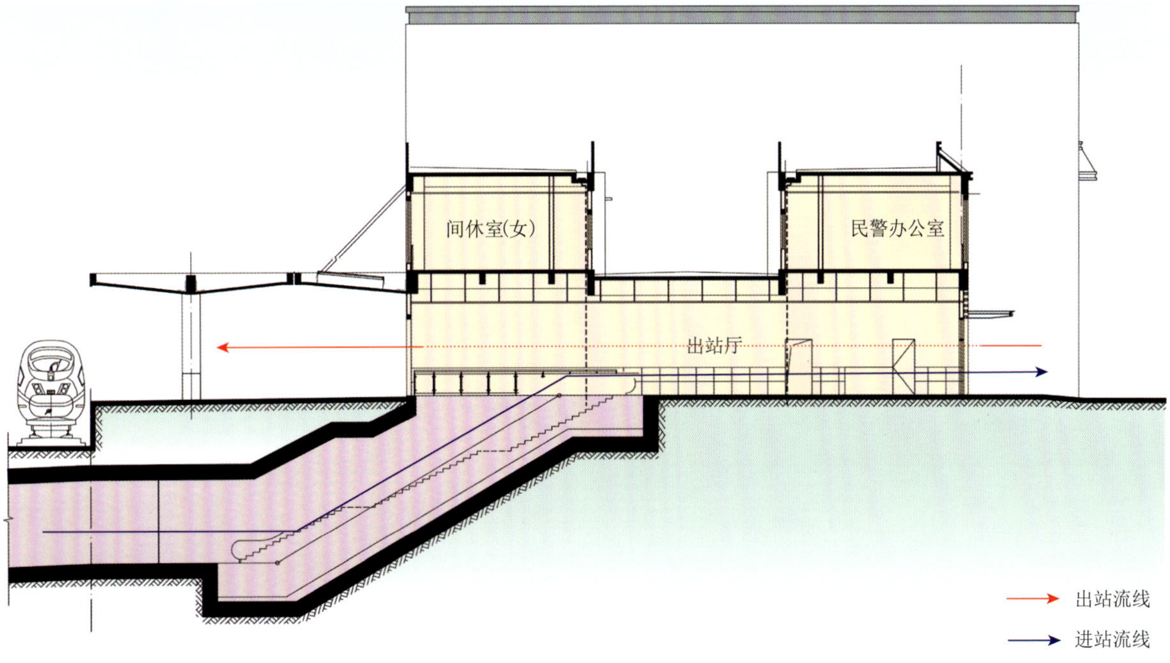

图 4–46 歙县北站旅客进出站流线图

三、人性化服务设施

（一）舒适的候车空间

候车空间是铁路车站核心功能空间的重要组成部分，直接关系旅客出行舒适与否。高铁车站候车空间应是高效实用与温馨舒适的和谐统一，候车室内的装修和服务设施设置要充分考虑旅客的感官感受和情感体验，提升旅客的生理舒适度并营造旅客的心理舒适度，从而实现旅客本我的需求。

杭黄高铁的车站采用新技术、新材料和新系统，结合各自的建筑特点，营造出遮阳透光、自然通风、吸收噪声的候车空间。杭黄高铁各站采用自然采光和人工照明的方式，使候车厅内形成丰富的照明和光影效果，有利于调节站内空间氛围，满足旅客心理舒适度。例如，建德站候车大厅选择与室外造型协调的蓝灰色系与仿木色系组合，顶部采用仿木铝合金离缝条板吊顶，形成独具坡屋顶特色的室内效果（图 4–47）；黄山北站和歙县北站均采用挑檐的措施来解决遮阳问题；千岛湖站候车厅通过吊顶的层次递进，烘托出中央圆形光源的凝聚力，灯光投射于周边产生的层层光晕，如天光湖水流泻而下，形成清澄空明的空间氛围（图 4–48）；绩溪北站则通过外廊的设计来阻隔太阳的直射，使用高窗和条形采光天窗，使候车大厅拥有良好的采光；黄山北站候车厅屋顶中部设置玻璃采光天窗，天窗下面设置管帘吊顶，营造柔和体贴的空间环境。

图 4–47　建德站候车空间采光

图 4—48 千岛湖站候车厅空间

各车站南北玻璃外墙采用中空 LOW-E 玻璃幕墙，结合幕墙上部的电动开启窗实现室内自然通风，候车厅内卫生间设置新风系统，让候车大厅内的旅客拥有舒适的通风环境。建德站候车大厅顶部采用仿木铝合金离缝条板吊顶，金属屋面板上间隔有致的分缝条板里隐藏的吸音棉可以吸收大空间嘈杂的声音，减少声音反射，降低声音在室内混响，让候车空间具有良好的声环境。

杭黄高铁各站均设置综合服务台、母婴室、无障碍卫生间等。千岛湖站设有第三卫生间，在公共男女卫生间内还设置了父婴隔间和母婴隔间，满足行动不便旅客、携婴幼儿出行旅客及需要陪护旅客的需求等（图 4—49、图 4—50）。为解决传统卫生间的一些缺乏人性化的问题，杭黄高铁车站站房提出卫生间革命，各站公共卫生间盥洗室洗手盆均配置小厨宝，保证旅客冬季洗手的舒适感；男卫小便斗上方均设置置物台，小便斗下方设置通长水槽并划分专用冲洗区；卫生间设置暗藏式回风带，所有公共卫生间墙面踢脚均做圆弧处理，方便清洁卫生，不留死角。

（二）方便的信息服务

人的活动是以物理空间提供的信息为参考进行的。在高铁车站，标识直接影响信

图 4—49　千岛湖站第三卫生间

图 4—50　千岛湖站卫生间

息交流的效率和出错率，高铁车站复杂的功能布局和流线组织需要明确有效的导向系统来标识指引旅客了解其所处的位置，引导旅客安全疏散。信息标识导向系统的好坏对旅行的感受至关重要，加强高铁车站内信息标识导向系统的设计是“以人文本”的具体体现。

1. 标识导向系统特点

（1）功能性和整体协调性：功能性和整体协调性是杭黄高铁车站标识导向系统最基本的特点。标识设计采用标准化的图形和文字，具有极强的辨识度，所传达的信息准确易懂，整体设计风格连贯统一。

（2）通用性：作为向人们传递信息的媒介，杭黄高铁车站标识导向系统具有通用性，能够满足不同层次人群的需求，并体现出对一些弱势群体的关爱。例如，对于残障人士，杭黄高铁车站采用声音、光线等特殊导向标识，帮助他们获取信息，创造人性化的、具有亲和力的车站环境。

（3）艺术性：杭黄高铁车站标识导向系统结合时代特征和当地文化特征，通过对文字、图形、色彩等元素进行合理处理和融合，达到良好的美学效果。

2. 导向标识设置

（1）以人流动线为主的标识设置

不同的人流动线是影响高铁站内导向标识分布与规划的重要因素，杭黄高铁沿线车站通过分析旅客动线进行导向标识设计，充分展现了车站人性化服务理念。以旅客最基础的购票、进站、检票和出站等行为动线为例，在旅客进站时，以场所标识为主，辅以导向标识，引导旅客前往售票处和进站口（图 4—51）；售票厅内贴有自助售票（图 4—52）和人工售票标识，设置票额动态显示屏显示车次、时刻、经停站及各站票价信息、

图 4-51 富阳站旅客进站处导向标识

图 4-52 三阳站售票厅内标识

票额信息，方便旅客掌握票额动态，引导其购票；在进站大厅旅客流线交织密集处设置综合信息屏，显示列车车次、终到站、开车时间、候车地点等信息，并以丰富的色彩变换区分不同的车次及状态，引导旅客进站；旅客进站后，车站内设置连续的导向标识，引导旅客向各个方向分散到达相应检票口，每个检票口上方设置检票屏，显示各车次检票状态（图 4–53），并根据实际需要在检票口附近设置信息咨询台，为旅客提供咨询服务；在旅客出站时，以综合信息标识为主，辅以导向标识，在站台处设置出站指示牌，出站口处设置综合信息屏，显示列车到达信息，出站厅内设置各种悬挂式标识（图 4–54）或地面贴附式标识，引导旅客迅速换乘各类城市交通。

图 4–53　杭州东站检票口

（2）文字、图形、色彩的合理组合

为兼顾国内外旅客对导向信息的需求，杭黄高铁车站导向标识注重中英文结合，字体的大小、粗细和文字容

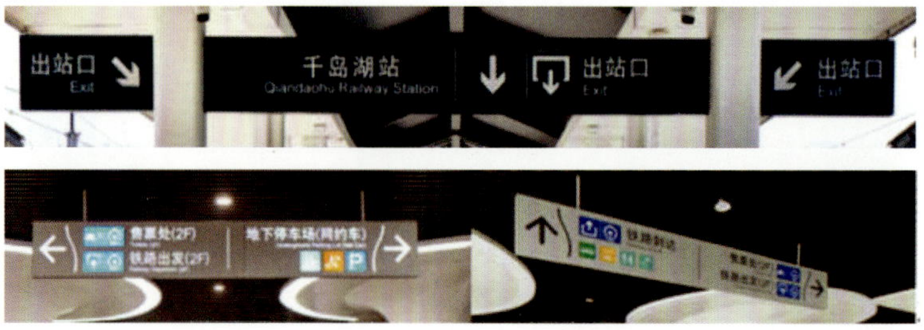

图 4–54　出站导向标识

量严格按照导向标识规范执行。图形和符号是最通俗易懂的信息表达方式，对于聋哑人等一些特殊人群，图形和符号是最好的获取信息的媒介，杭黄高铁车站在进出站口设置简洁直观的进出站符号、咨询台设置多个明显的问询标志，悬挂引导标识牌上设置生动形象的洗手间、自动扶梯、停车场及各类车辆图形。色彩是一种感性的导向方式，适当的色彩搭配可以提高导向标识的辨识度，杭黄高铁车站售票厅显示屏文字统一为红白搭配，进站口、检票口处标识统一采用蓝底白字，出站口标识统一采用绿底白字。

（三）周到的商业服务

现代高铁车站来往旅客众多，商业行为繁多。高铁车站的商业设施布局主要考虑两方面问题：一是在何处布置商业设施，即适宜布置商业设施的位置；二是布置什么类型的商业设施，即各商业设施类型要适应布局区域。

1. 商业区域分类

（1）灵活商业区

灵活商业区大多位于候车层的主要行进通道以及候车区附近，这些区域是最靠近交通人流的区域，旅客较为集中且数量较多。在应对诸如春运等大型客流运输高峰时，灵活商业区的商业设施可以根据实际客流人数和旅客需求进行改变。如何将商业功能与交通功能恰当融合，优先保证旅客的候车需求，避免造成对客运站关键交通功能空间的干扰，是布置该区域商业的关键。

（2）固定商业区

固定商业区大多位于候车层的边缘位置，与客流的接触同样密切，客流量大且通过频率高。固定商业区要结合办公用房以及洗手间、茶水间等辅助用房布置，位置相对固定，面积受其他功能用房的限制，通常不会太大。

（3）夹层商业区

夹层商业区是专门设计的、独立于交通功能的商业服务区域，商业面积较前两个商业区域更大，店铺布置也更加灵活。夹层商业区通常处在较高的位置，在候车空间内十分明显，配合醒目的广告招牌，从候车空间的任何区域都可以很容易地被旅客注意到。夹层商业区的人流相对分散，大多为候车时间较长的旅客，旅客到达夹层商业区的行走距离较长，需要注意配置足够数量的垂直交通设施，方便旅客到达。

2. 商业设施分类

高铁车站内的商业设施主要分为两类，一是商业广告，二是服务类商业。

（1）广告设施

广告设施主要结合室内空间设计，在旅客进出站的通道周边设置，一般有几种形式。一是利用大块的内部墙面设置贴附式的广告灯箱；二是结合部分独立的设备设施，如室内电梯井道、空调末端等，设置平面广告；三是利用大空间的高度，设置部分悬挂的广告牌；四是结合动态的信息显示屏，设置多媒体广告；五是在车站内客流通道上，设置部分展示台，布置实体广告。

一般广告的布局主要集中在高架层、地面层和两侧大厅内。

（2）旅客服务设施

旅客服务设施，一是商品零售店，主要销售当地部分土特产、旅行用品，如小型超市和书店等，主要设置在高架层的进站检票口周围；二是餐饮类铺面，如肯德基、麦当劳等快餐店，主要设置在高架夹层上；三是临时休憩类店面，如冷饮店、咖啡店等，设置在高架夹层，临近旅客候车区；四是企业租用的本企业 VIP 用户休息室，主要设置在高架夹层上。

3. 杭黄高铁商业服务

杭黄高铁沿线客运枢纽致力于提升综合枢纽的功能和效率，将客运枢纽设施的整合与商业、文化、娱乐、服务等开发结合，创造服务周到、舒适宜人、富有特色的车站环境。

杭州东站是集旅游集散、时尚零售、餐饮休闲、商务贸易为一体的大型高铁车站。杭州东站高架夹层设置餐饮区、零售区和轻餐区；西广场地下通道两侧设小型地下商业空间；西广场出站大厅以西部分与运河区共同组成大型地下商业空间，设置大小不等的个性化国际品牌专营店。

千岛湖站在架空层共设置四个商业设施区块，包括综合服务中心（图 4–55）、旅游体验展示中心和轻餐饮，分别位于出站口北侧、出站口南侧和出站口与专线车候车室之间。此外，千岛湖站站前区设置为商业休闲街，包括餐饮（图 4–56）、娱乐、旅游纪念品专卖等，东侧的风情岛上设置酒吧、茶座、特色餐饮、精品零售等特色商铺。

图 4-55 千岛湖站架空层商业区

图 4-56 千岛湖站餐饮

绩溪北站

第五章
彰显人文的细部设计

“建筑是有生命的，它虽然是凝固的，可在它上面蕴含着人文思想。”这是著名建筑师贝聿铭对建筑的评价。细部的出现是建筑物从粗糙到精致发展的必然结果，建筑的完成是一个从整体到部分再到细部不断循环设计和完善的过程，要保证整体设计效果，细部的处理不容小觑。在大尺度、大空间的铁路站房中，那些目所能及、与人的使用直接相关的建筑细部所表现出来的文化性更带有温度。杭黄高铁车站的细部设计独具匠心，旅客在各个方面都能体会到在车站设计中贯穿始终的人文情怀。

本章首先介绍建筑细部设计与建筑整体的关系以及建筑细部设计的原则，然后详细阐述杭黄高铁车站站房内部与外部的细部设计如何巧妙地融合地域文化，最后介绍车站细部设计如何充分展现铁路文化，包括千岛湖站开设以杭黄高铁为主题的展览馆，以及三阳站用墙雕的形式再现铁路的发展历程。

第一节　细部设计概念及原则

建筑细部是建筑整体中的局部，它对完善建筑功能、烘托建筑氛围、体现文化传统至关重要。细部是一个相对的概念，指的是建筑物整体中加以局部处理的连接部位，它可以是实实在在的单元构件，也可以是局部的空间或界面。细部设计通常包括结构性细部和装饰性细部，结构性细部指对建筑的构成、功能、结构组成起作用的建筑细部，装饰性细部指那些仅对建筑起到美化装饰作用的细部。在高铁车站建筑中，结构性细部包括车站内的门、窗、楼梯等，而装饰性细部则包括车站内线脚、花饰、吊顶等装饰物。

一、建筑细部与整体的关系

（一）细部对整体的依附性与独立性

建筑细部是依附于建筑整体而存在的，它是整体的一个局部，可以与其他有机部位共同组成整体。细部的构思对建筑整体造型构思有一定的依赖性，细部设计不能跳出整体的框架，它将建筑变得更加精致，是对整体造型的深化和完善。细部在形式、意义、情感、信息等方面体现着整体的原则与气息，细部从属于整体，也是整体建筑意义的延伸。

建筑细部具有相对独立性，每一个细部都是一个相对完整的独立单元体，它们具有自己独立的意义，也具有一定的功能。良好的细部设计不仅能够增强建筑的整体表现力，在表达形式内涵、传达信息方面也具有相当重要的作用。

细部的依附性与独立性的关系是辩证统一、相互促进、相辅相成的。整体的主题体现在细部之中，细部的组合又丰富了整体的形式，深化了整体的内涵。从整体出发来构思细部，细部的不断重复和变化又能将各个部分有机地组合成整体。

（二）细部与整体的关联性

细部设计是从整体出发，在建造物的连接部位局部处理时，对各个元素的功能、结构、材料和形态进行经营、构造的操作过程。元素结构与表现形式之间存在一种深层而深刻的联系。功能、结构和形态三者在同一细部上是相互限制同时又相互促进的关联关系。功能、结构反映到一定的形式，而形式发展出的形状又反过来影响功能和结构。同一建筑的不同细部之间当然也是紧密关联的，在欣赏建筑时，对其各个部分的认识和理解也必须包括在内。

二、建筑细部设计的原则

（一）整体性原则

整体性原则应同时注意处理两方面的关系：整体与细部之间的关系及细部与细部之间的关系。在坚持整体性原则的前提下，细部设计可以有两种途径：“从上至下”，即从整体到细部；“自下而上”，即从细部到整体。

（二）功能性原则

建筑细部设计要忠实表达功能，任何细部都应具有明确的功能，成功的细部产生于功能，并真实地表达功能。功能性原则主要是强调细部设计的真实性，真实地表达建筑的整体意图，即在设计中不能够无事生非，矫揉造作，必须要采取合理的手段，真实地表达建筑的逻辑性和设计意图。所采用的设计手段、手法要做到有理有据，避免毫无道理的随意堆砌。同样，功能的满足与形式的多样性并非互相排斥的，可以做到相辅相成。

（三）美学设计原则

细部具有比例、纹理等美学特征，建筑细部应该体现出文化的地域性、时代性，代表民族性是细部形式必须把握的主要美学原则。尺度原则是细部要把握的另一个重要美学原则，细部的尺度功能是建筑细部的主要衍生功能，细部有着“辅助标尺”的作用，建筑整体的尺度感可以通过细部的尺寸感觉衬托出来。建筑的整体尺度把握会对细部设计提出要求，细部尺度的设计也会影响建筑的整体尺度感。因此建筑细部尺度为人们提供了感知建筑的体量感、建筑的重量感以及把握建筑整体的可能性。

（四）技术性原则

技术性原则是指细部设计要符合相关建造技术的要求，并通过技术上的设计，实施细部形式。技术性原则有两种途径：一方面，细部形态的设计必须满足技术角度的要求；另一方面，设计好的细部形态需要通过许多技术手段而得以实现。细部最终实现为真实的建筑实体，要运用结构、构造、材料等技术方面的知识，对细部节点进行创造。

第二节　细部设计与地域文化融合

建筑是一个时代各个方面的写照，只有融合了优秀的地域文化、历史文化及行业文化的精华，建筑设计才会创新和向前发展。建筑必须考虑与既有人文环境形成呼应与互动，体现地域文化的延续或与其对话，完成具有代表城市特色、行业特色的建筑形象。杭黄高铁各车站站房细部设计充分融合了当地的地域文化，体现了杭黄高铁浓厚的人文气息。

一、站房内细部设计

室内设计是根据建筑物的使用性质、所处环境和相应标准，运用物质技术手段和建筑美学原理，创造功能合理、舒适优美、满足人们物质和精神生活需要的室内环境。在满足使用功能要求的前提下，细部设计可以反映历史文脉、建筑风格、环境气氛等精神因素。杭黄高铁车站房内细部设计过程中，在地方政府协助下，通过前期充分的走访、调研、座谈，对新安文化、徽州文化进行细致研究，提炼出视觉符号运用到室内设计之中。以当地历史文化为主题，通过名画、砖雕、石雕以及现代手法，解析地域文化底蕴脉络，打造出一个个充满文化艺术气息的精品车站。

（一）立面设计

室内空间的立面是室内设计风格的主要构成要素，立面设计首先应与室内空间构造以及功能规划相协调，用统一与变化的手法营造空间氛围。杭黄高铁车站站房室内立面设计力求做到符合室内空间造型和立面构图方面形式美的规律，如均衡、节奏、韵律、统一、对比、变化等。

在杭州南站的站房设计中，为表达整个建筑山水文化特色，室内墙面采用了四种不同规格的石材，运用错缝铺贴的方式，通过横向、竖向分格的变化，抽象地表达山石、

图 5–1　杭州南站室内墙面设计

竹林等自然景物（图 5–1），丰富了空间内容，也为墙面石材的应用开阔了思路。诚然，这种手法并非罕见，但运用于大面积墙面，作为背景化的处理，正是恰到好处，并无牵强刻意。

富阳站室内装修优化设计延续“富春山居”的理念（图 5–2），室内室外作为一个整体，共同传达“富春山居、山水驿站”的设计理念。候车大厅内，10 根石材包裹的圆柱造型柱头、弧形柱脚，工匠师傅以加工制作玉石的工艺进行下料、拼色、拼接、结晶、抛光等工序，达到拼接精细、光滑圆润的圆柱效果。圆弧柱脚过渡有效解决了石材圆柱和石材地面混为一体的视觉错乱，空间的层次感更加清晰。

图 5–2　富阳站立面设计

桐庐站站房连廊部分的结构柱牛腿造型处理上，通过提取当地民居建筑特色造型元素，采用叠加弧形铝板焊接方法，形成优美的三条曲线，营造出层峦叠嶂的山峦造型柱头（图 5–3），与站房正立面山体造型相互呼应。

图 5–3　桐庐站立面设计细节

建德站候车大厅整体装饰以“木秀于林”为灵感，材料选择上结合地域文化特点，选择与室外造型协调的蓝灰色系与仿木系色彩组合，广泛采用仿木纹方通和铝板，南北面为仿木纹铝板装饰柱。墙面收口采用异形仿木纹铝方通，木纹方通做成牛腿样式（图 5–4），

图 5–4　建德站牛腿样式木纹方通

增加厚重感的同时，融入了地方文化元素。在牛角、槽板上精雕细琢，引用柱础、拱形屋面等古建筑元素，体现了深厚的历史文化底蕴，使整个候车厅错落有致，犹如新安江江水缓缓流淌（图 5–5）。

图 5–5　建德站内立面

图 5–6　千岛湖站牛腿柱处理

千岛湖站室内设计材料选择与室外造型协调的灰白色系，通透的窗户，可以让车站内的乘客更加直观地欣赏站外的风景，湖光山色，十分美丽。原结构桥下柱的牛腿对候车空间具有很大影响，常规包柱、吊顶等处理方法缺乏创意，且影响结构净高，容易产生压抑感，为解决这一难题，设计者运用动态曲面 LED 屏幕对结构牛腿柱进行巧妙处理（图 5–6）。在四个桥墩柱身两侧内嵌电子集成通电屏幕，LED 灯光动态投影山水画卷（图 5–7），配合整体的灯光设计，共同形成了站房候车区域的焦点空间，塑造出一个方寸间的江南文化意向，构筑“灯影千岛、水墨淳安”的空间意境，体现了现代科技与传统文化的完美融合。通过桥墩柱声光电色一体设计，千岛湖站力求将传统文化、地域文化和时代文化融于一体，打造淳安人文的展示窗口。

图 5–7　千岛湖站墩柱内嵌电子屏

为体现徽州特色，三阳站站房回风口放弃了传统的百叶做法，将最具徽州特色的黄山迎客松，采用新型穿孔工艺绘制于铝板上（图 5–8）。

图 5-8 三阳站回风口

（二）吊顶设计

吊顶设计在室内细部设计中占据了很重要的地位，吊顶使建筑的形式变得更加多种多样，通过吊顶设计中层高的变化，可以使空间更有趣味性。此外，吊顶设计中采用的许多元素，可以从细节中很好地体现地域文化特色。杭黄高铁车站站房吊顶一改以往高铁站房吊顶采用铝合金条板的单一模式，通过使用多种材料及丰富的造型设计，演绎当地自然风光与地域文化。

富阳站候车大厅吊顶将中国传统建筑中藻井天花进行写意设计，每 3 m×3 m 成一个单元，白色铝条板与深灰色灯槽板组合运用（图 5-9），细部做法精巧现代，实现取义传统、传承古今的装饰效果。

桐庐站天花板采用三角铝板和锤片弧形拼接（图 5-10），分别象征当地的大奇名山和富春秀水，寓意“山水融合、美丽桐庐”，实现建筑装饰风格与地域特色的完美融合，演绎出山水神韵，呼应了站房轮廓线高低起伏、与自然环境融为一体的设计意图，打破了传统车站灰色条板离缝吊顶的古板，不仅丰富了室内空间，也将文化性做到了内外延伸。

建德站候车大厅整体采用白色铝条板吊顶，每隔 5.8 m 有一道仿木纹 U 形铝板（图 5-11），中间、四周增加仿木纹铝方通吊顶造型，提升了候车大厅吊顶整体的观感效果，

图 5-9　富阳站吊顶设计

图 5-10　桐庐站吊顶设计

图 5–11　建德站吊顶设计

南北面为仿木纹铝板装饰柱，东西侧人字吊顶与墙面收口采用异形铝方通，木纹方通做成牛腿样式，增加厚重感的同时融入了地方文化元素。

千岛湖站站房室内吊顶以铝单板圈边形式处理，设计了 45° 角的斜面过渡，以穿孔铝板的万字纹为装饰，结合球形风口整体设计，使吊顶饰面不失活泼，简洁而不简单（图 5–12）。万字纹即“卍”字形纹饰，是中国古代传统纹样之一，纹饰写成“卍”为逆时针方向。“卍”字在梵文中意为“吉祥之所集”。用“卍”字四端向外延伸，又可演化成各种锦纹，这种连锁花纹常用来寓意绵长不断和万福万寿不断之意，也叫“万寿锦”。站房内的灯光投射于周边产生的层层光晕如天光湖水流泻而下，形成清澄空明的空间氛围。顶棚中心吊挂整点报时旋转圆形灯屏，通过吊顶层次递进及变化，烘托出中央圆形光源的凝聚力。这样的设计真正做到了“用光影再现山水，用科技重塑人文”。

三阳站候车大厅采用了简洁的单脊双坡造型（图 5–13），吊顶采用深灰色灯带以及白色的大面，与整个站房的徽派风格相呼应，处处体现着徽派文化与现代手法的碰撞。

图 5-12　千岛湖站圆形灯屏 & 万字纹装饰

图 5-13　三阳站吊顶设计

（三）名画砖雕浮雕

在弘扬地域文化、体现文化特色方面，站房内的名画、砖雕浮雕是最为直观的表现方式。在杭黄高铁各站房内，有许多颇具代表性的砖雕浮雕，诉说着一段段历史，表现了各具特色的地域文化。

1. 名画

富阳站候车大厅内可见喷绘版的《富春山居图》，该画被后世誉为“画中之兰亭”（图 5–14）。两侧的《剩山图》真品现收藏于浙江省博物馆，《无用师卷》真品收藏于台北故宫博物院。《富春山居图》用水墨技法描绘富春江一带的秋天景色，画面用墨淡雅，山和水的布置疏密得当，墨色浓淡干湿并用，极富于变化。1347 年黄公望开始创作《富春山居图》，此时黄公望已是近八十岁的老人，历经 4 年才完成，黄公望为艺术而痴迷的心态就是设计者今天需传承的工匠精神。富阳站二层进站口两侧设有浮雕墙（图 5–15），左侧浮雕是《孙权故里》，三国时期孙权的家乡就在富阳龙门，全镇现有 7 000 多人，90% 以上姓孙，古镇至今保存完好，成为当地的一景；右侧浮雕是当代鬼才画家宋雨桂主笔的《新富春山居图》，上面既有富春山水又有高

图 5–14　富阳站内《富春山居图》

楼大厦，展现的是当代富阳地区蓬勃发展、古今融合的美好景象，契合“美丽杭黄、生态高铁”的理念。

（a）富阳站二层进站口

（b）《孙权故里》浮雕

（c）《新富春山居图》浮雕

图 5—15　富阳站内浮雕墙及细节

2. *石雕浮雕*

桐庐站内主要以浮雕的形式来表现当地的地域、历史文化。桐庐站二层候车大厅内，高悬两幅石雕柱面。石雕单幅高 5.4 m，宽 2.4 m，分 12 块组合而成。左侧石雕题为《子陵高风》，右侧石雕题为《桐荫问道》。桐君、子陵皆是古代桐庐的著名人物，备受后世崇敬。

左侧《子陵高风》（图 5–16），图中主要展现的是东汉著名高士（隐士）严子陵。严子陵少年时就很有才气，与刘秀（后来的汉光武帝）是同学好友。刘秀后来登基做了皇帝，回忆起少年时期的往事，想起严子陵，便多次征召其为谏议大臣，严子陵婉拒之并隐名换姓，隐居在桐庐富春江畔，终老于山林间；其因此被时人及后世传颂为不慕权贵追求自适的榜样。严子陵在此隐居期间，常为人消灾治病，其家乡流传着许多传说。人们为了尊敬他，称之为“严子爷”，并在洞前建祠奉祀、起庙会以示纪念。

右侧为《桐荫问道》（图 5–17），图中人物虽未明记“桐君”二字，但不难看出其中桐君端坐桐树荫处，前方有二人向桐君拱手相求指点医药之状。桐君是中国古代早期的药学家，为了宣扬以桐君为代表的采药治疾的历史，桐君家乡的人民除了建造祠堂、供奉塑像及祭祀等活动外，还采用“桐君”和“桐”的字样命名生活中的各种事物。

图 5–16 《子陵高风》石雕

图 5–17 《桐荫问道》石雕

两幅石雕将当地历史文化与高铁车站站房完美融合，是彰显人文特色的细部设计极具代表性的作品。

建德站的石雕经过了设计者的反复修改完善（图 5–18），主要表现的是严州府及新安江水电站。

图 5-18　建德站浮雕线稿

建德市在古代又名严州府，严州作为州府有 1 200 多年历史，州府所在地就在今天的建德市梅城镇。北宋时期，范仲淹被贬至此。虽然被贬，但却励精图治，政绩卓著，兴办了建德第一所学堂龙山书院，疏通了梅城东西湖。“范公文正忧天下，整壑办学著名篇”，他那“先天下之忧而忧，后天下之乐而乐”的名言流传千古，至今仍熠熠生辉。为了纪念范仲淹，也为了重现当时严州府的繁荣与昌盛，设计者特意采用浮雕的形式，保证庄重大气的同时，尽力做到栩栩如生，活灵活现（图 5-19）。

图 5-19　严州府石雕

新安江水电站是中国第一座自行设计、自制设备、自己施工建造的大型水力发电站，被人们誉为“长江三峡的试验田”。1959 年，周恩来同志为新安江水电站题词：“为我国第一座自己设计和自制设备的大型水力发电站的胜利建设而欢呼！”新安江水电站大坝浮雕完整地刻画了整个大坝的造型，气势恢宏（图 5-20）。

图 5-20　新安江水电站大坝石雕（宽 12.6 m、高 3.6 m）

千岛湖站出站厅内设有两幅石雕作品，一幅是巨网捕鱼，一幅是天下为公，凸显文化底蕴。

网捕鱼石雕（图 5–21）再现了千岛湖巨网捕鱼渔民奋力收网、万鱼齐跃的盛景，仿佛听到汉子们此起彼伏的吆喝声，感受到洋溢在人们心中的丰收的喜悦。

天下为公石雕（图 5–22）刻画了千岛湖独特的景色“天下为公”，“天下为公”是代表千岛湖的一张天然的名片。天下为公出自《礼记·礼运》：“大道之行也，天下为公。”原意是天下是公众的，天子之位，传贤而不传子，后成为一种美好社会的政治理想。国人对“天下为公”这四个字，因孙中山先生的推崇而非常熟悉。当乘客乘坐杭黄高铁来到千岛湖，见到岛屿构成的“天下为公”时，可以看见历史与现实的无缝连接，思绪必然会为之震撼，人格必然会为之升华。

图 5–21　巨网捕鱼石雕

图 5–22　天下为公石雕

千岛湖站候车大厅设置了一幅巨大的徽州砖雕，为使在一方天地尽得淳安历史千年记忆，设计者们不断修改完善。原计划在雕塑中展现新安江大坝、海瑞理政、天下第一秀水、山核桃、淳安竹马、八都麻绣等淳安代表性的自然风光、物产及历史人文资源，部分手绘线稿如图 5–23～图 5–28 所示。一幅幅手绘线稿体现出设计者对地域文化的重视和站房细部设计的匠心。

经反复推敲和凝练，千岛湖站候车大厅的徽州砖雕最终选取贺齐建县、方腊起义、朱熹讲学、海瑞理政、淳安竹马、八都麻绣、天下第一秀水、天下为公等代表性自然资源与人文历史故事，通过幅面 11.13 m × 2 m 的巨大砖雕呈现出来（图 5–29）。

图 5-23　新安江大坝

图 5-24　海瑞理政

图 5-25　天下第一秀水

图 5-26　山核桃

图 5-27　淳安竹马

图 5-28　八都麻绣

图 5-29　徽州砖雕

砖雕最左侧讲述的是贺齐在平定丹阳郡的黟、歙后，上表孙权，分歙县东之叶乡作为新县，也就是贺齐建县的故事。第二部分方腊起义则讲述了北宋末年，民不聊生，方腊率众豪杰起义，攻下东南重镇杭州，建立永乐王朝的故事。再往右看，朱熹讲学描述了朱熹广收弟子，亲自讲学，门生遍布各地，他曾三度回徽省亲，每次停留数月，所以徽州从其学者甚众，程朱理学成为徽州正统的学术思想。紧邻着的下一部分海瑞理政，描绘了海瑞被任命为淳安知县后决定重新清丈土地，规定赋税负担，以减轻农民负担，推行保甲法、明断疑难案件、兴办社学等政策，再现了当时淳安的繁荣图景。砖雕上还体现了淳安的特色风俗和民间艺术，如淳安竹马始于南宋，俗称跳竹马，是主要流行于浙江淳安一带的传统舞蹈，具有较高的艺术审美价值和鲜明的地域特色，是我国传统舞蹈尤其是竹马类舞蹈最具代表性的项目之一。淳安八都麻绣历史悠久，产生于秦汉时期。为了生存，这里的百姓自己种麻搓线，纺织麻布，解决穿衣用布问题，过着自给自足的生活。后来，为了提高麻制品的美观度和耐磨度，这里的妇女又学着在麻布围裙、围布、饭袋、背带上绣上花色图案，最后发展成为八都麻绣。最后两部分着重描绘了千岛湖，被誉为“天下第一秀水”的千岛湖碧波万顷，千岛竞秀，群山叠翠，峡谷幽深，溪涧清秀，洞石奇异，还有种类众多的生物资源、文物古迹和丰富的土特产品，十分美丽。天下为公则展示了千岛湖内大大小小的岛屿构成“天下为公”中“公”字的奇观。

黄山北站贵宾室设置了徽行天下、徽州古城、百子迎福、士族迁徽四幅砖雕，突出了徽州文化中许多具有象征性的文化符号。

徽商又称新安商人、俗称“徽帮”。徽人经商，源远流长。徽州山多地少，无以生计，早在东晋时就有新安商人活动的记载，以后代有发展，明代中叶以后至清乾隆末年，徽商经营达到极盛。徽商经营行业以盐、典当、茶叶为主。作为中国商界的一支劲旅，徽商曾活跃于大江南北、黄河两岸，在中国商界称雄 300 年。徽州素称“东南邹鲁”，生于斯、长于斯的徽商，一个鲜明的特点是“贾而好儒”，徽商的本质是儒商。徽行天下砖雕（图 5–30）主要描绘了古徽州徽商贸易活动的场景。

徽州，简称徽，古称歙州，又名新安。宋徽宗宣和三年（公元 1121 年）改歙州为徽州。在此后的 866 年中，徽州的名称一直沿用，至 1987 年国务院批准设立地级黄山市时止。徽州历史上人才辈出，在历史上赫赫有名的如大教育家陶行知、文化巨子胡适等皆出自徽州。徽州文化的内涵十分丰富，产生了粉墙黛瓦的徽派建筑、“天工人可代，人工天不如”的徽州三雕以及与藏学、敦煌学并列为国学的三大地方学科的徽学。徽州古城砖雕（图 5–31）主要描述了徽州古城自然环境优美、历史文化浓厚、人民安居乐业、经济繁荣昌盛的景象。

百子的典故最早出于《诗经》，是为歌颂周文王子孙众多。相传周文王有 99 个儿子，到在路边捡个雷震子的时候，他正好有一百个儿子，故说文王百子。在中国古代，人的观念是生得越多越好，子孙满堂被认为是家族兴旺的象征。周文王生百子被认为是

图 5–30　徽行天下砖雕

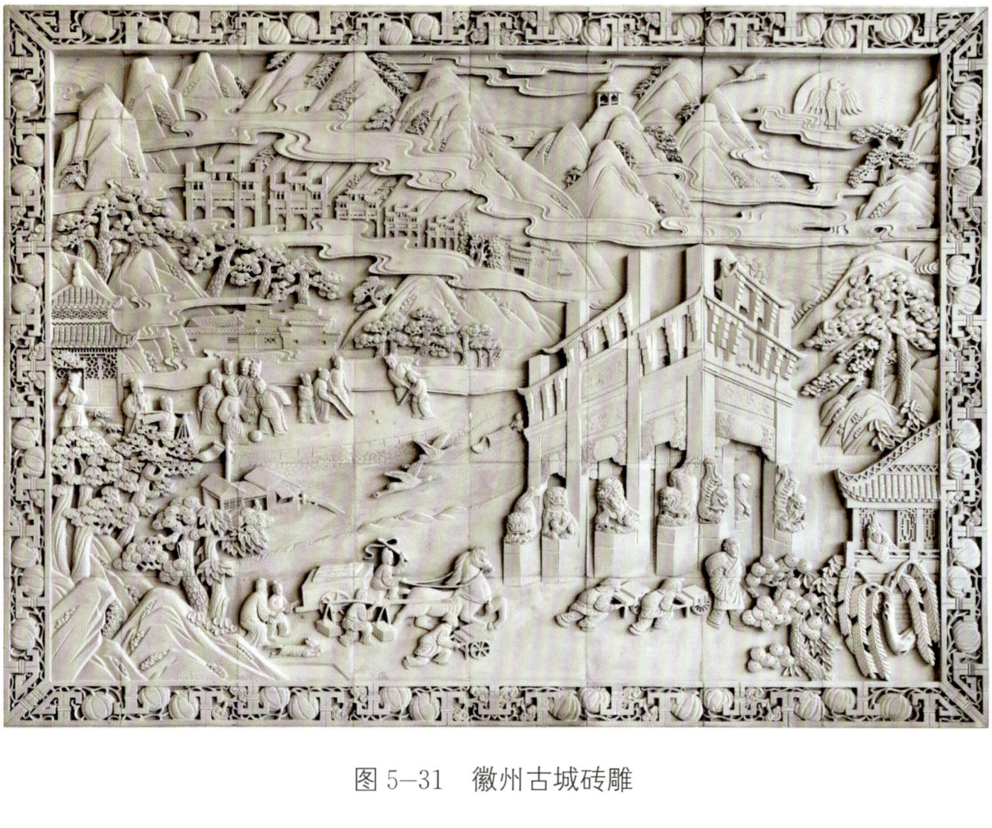

图 5–31　徽州古城砖雕

祥瑞之兆，于是一个寓意子孙昌盛、万代延续的美好故事流传开来。百子迎福砖雕（图5–32）刻画了100位栩栩如生的童子，他们或鞶或嬉，或博弈或抚琴，或玩耍或谈天，形态各异，生动地表达了古代人民对多子多福的美好向往。

图 5–32　百子迎福砖雕

史上大规模的移民迁徽有三次，分别是魏晋的永嘉移民、唐末的五代移民和两宋之际的靖康南渡移民。为逃避战乱，中原的门阀士族带领家眷、民户跋山涉水，翻山越岭，历经千辛万苦来到境内群峰参天、山丘屏列、岭谷交错的徽州。现属屯溪的篁墩因靠近古新安江故道，为中原望族入徽的第一落脚点和中转站。随着一批批中原望族来到徽州，中原人最终反客为主，同化了本地的山越人，带来了中原文化的精髓，后世大家辈出。士族迁徽砖雕（图5–33）展现了中原移民举家南迁、开发建设徽州、传播先进的思想文化，使徽州成为文化昌隆之地的繁荣景象。

图 5–33 士族迁徽砖雕

二、站房外细部设计

车站站房外的细部设计是旅客进入各个车站前，最先映入眼帘的建筑细节，在表达建筑整体意向、传承与宣扬地域文化上有着极其重要的作用。杭黄高铁各站房外的细部设计也蕴含了许多代表当地文化的元素，极富文化底蕴。

（一）站前广场

“天下佳山水，古今推富春。”富阳站的站前广场，处处可见“富春山居”等地域特色。富阳站广场中心为地雕（图 5–34），以卷轴、画卷式富春山居图为主图，图中富春江用现代科技感极强的 LED 智能互动地屏来展现，让富春江真的在画中流动起来。黄公望隐居地、龙门古镇等富阳景点点缀其上，展现富阳的独特景观与地域特色，突显杭黄高铁作为黄金旅游通道的独特魅力。以文房四宝为设计元素进行概念设计，将这些设计元素与垂直绿化、景观构筑物以及地雕进行延伸设计。另外，广场上小品雕塑的设计也经历了不断优化的过程，把有 6 000 年历史的瓦窑里文化遗址以雕塑的形式展现，同时把富阳人民生活日常以“渔、樵、耕、读”四个主题雕塑来展现，形成《古今辉映》的主题。两侧山水长廊的顶棚设计结合了纸文化，长廊雨檐与山峦相结合，体现不同的山水人情。

图 5–34 《古今辉映》轴状地雕

桐庐站站前广场通过侧移地下构筑物，保留了位于广场中心位置的百年香樟树，保留了桐庐人对家乡的记忆（图 5–35）。古树与车站建筑的交相呼应，形成了桐庐站特有的地标。站前广场的景观结合公共艺术，通过抽象的青石石锤及玉璧雕塑（图 5–36），体现了桐庐的历史文化特色，反映了桐庐上古时期特有的天人观，利用动态雕塑（图 5–37），体现了桐庐的创业者们在物流产业中扮演着举足轻重的角色，以及桐庐出口加工业进入全球化产业链的时代特征。

千岛湖站在保证集散广场铺装比例的基础上，将千岛湖山水采用抽象手法艺术化展现，站前广场的石头模拟山的形状，喷泉则代表湖水的元素（图 5–38）。广场结合烟雨廊桥，将远处文昌阁一并收入画卷之中，成为千岛湖站最佳留影点，也会使过境乘客对窗外山水产生浓厚的向往之情。

三阳站站前广场旅游集散中心吸取了徽派建筑的设计元素，采用马头墙（图 5–39）的形式，与站房、风雨廊以及周边山体环境相协调，成为统一的整体。

图 5-35　桐庐站站前广场古树保护

图 5-36　桐庐站站前广场青石石锤及玉璧雕塑

图 5—37　桐庐站站前广场动态雕塑

图 5—38　千岛湖站前广场细部设计

图 5-39　三阳站站前广场一角

（二）其他站房外细部设计

作为富阳的第一座高铁车站，富阳站站房的设计理念“富春山居、龙门驿站”源于《富春山居图》，充分融入了富阳当地的文化和风景。为了确保富阳站作为富春山水中江南驿站的建筑立意，站房建筑外檐口造型采用加长铝单板，檐口挑出最远点12.5 m，采用现代手法制作的木质格纹与龙门古镇传统屋檐下、长廊顶部的各木质结构类似，檐口根部的细部收口（图 5-40）用现代手法和工艺体现当地（龙门古镇，即孙权故里）的传统建筑元素。连廊采用人字形屋面造型，顶棚平均高度 14.5 m，营造超高空间感觉；玻璃天窗铝格栅既有安全防坠落功能，同时增加了神奇变换的光影效果。玻璃幕墙采用中空钢化玻璃，竖向到顶的幕墙整体可以倒映周边的城市风情以及山水风光，宛如一幅长长的山水城市画卷。

建德站站房建筑外部细部设计与地域文化的结合主要体现在各种建筑造型的细节与当地传统建筑造型的呼应。建德站站房设计中，外檐廊柱既是交通建筑的站前平台人员集散的空间，同时也成为建筑造型的点睛之笔。这样的设计是为了呼应浙江民居廊柱的特点，半开敞的空间，不仅可以联系交通，还供纳凉休憩。建德站站房主立

图 5–40 仿龙门古镇古建筑檐口的根部收口

面和背立面主要为玻璃幕墙，使得大厅通透、明亮。

从站房室外来看，千岛湖站细部刻画精美，轻巧的结构形态、通透的木纹格栅、点缀其间的鱼鳞形传统纹饰（图 5–41）展示当地鱼和湖水的独有特色，与地域文化内涵契合，与整体的建筑造型相呼应，十分秀美柔和。鱼鳞形纹饰这样的吉祥纹饰几乎出现在民间生活的各种角落之中，小到生活器具，大到建筑装饰，包括各种壁画、石雕，都用以满足民众对吉祥喜庆、美满富足的期待。站房外立面腰线采用水波纹饰，形成湖光潋滟、清澈空明的视觉美感。

图 5–41 鱼鳞形纹饰

千岛湖站的 logo 也大有文章，其提取于千岛湖旅游 logo（图 5–42），logo 的创意源于湖上之岛以及岛的倒影,像千岛湖之湖光山色,又整体似鱼形,取如鱼得水意象，代表了千岛湖旅游的公用形象。千岛湖旅游的公用形象中，千岛湖旅游 logo 和对外宣传口号“千岛湖，心灵的绿洲”为主要构成要素。千岛湖旅游 logo 的创意以蓝色和绿色为标准色，以岛屿、山水、飞鸟和船帆为主元素，口号传达心灵向往之处的目的地形象，两者体现千岛湖绝佳的生态环境和度假资源。在千湖岛旅游 logo 基础上，针对高铁这一行业，设计者通过将 logo 颜色改变为红色进行运用区分和延展设计，形成千湖岛站 logo（图 5–43），既体现了高铁文化，同时延续了当地的地域文化，宣传了旅游文化。

图 5–42　千岛湖旅游 logo

图 5–43　千岛湖站 logo

第三节　细部设计充分展现铁路文化

铁路文化是人在生产实践中、在一定的社会环境中作用于特定人群和特定劳动实践甚至是自身而创造的一切物质和精神成果。一百多年来，中国的铁路从无到有，由弱到强，经历了坎坷曲折的发展历程。中国铁路人用智慧和汗水创造了光辉灿烂的铁路文化。铁路站房作为铁路系统具有代表性的建筑，方便了人们与铁路的近距离接触，是展现铁路文化的良好载体。因此在铁路站房设计中考虑展现铁路文化，也是新时代铁路文化建设和发展的体现。

一、展现杭黄文化窗口

杭黄高铁车站细部设计中注重与铁路文化的融合，例如千岛湖站内设有一个以杭黄高铁作为主题的展览馆，介绍了杭黄高铁的概况。候车期间，走进展览馆(图 5–44)，旅客可以详细了解杭黄高铁的建造过程和建设成就。

2010 年 7 月，国家发改委批复杭黄铁路的项目建议书，2014 年 1 月，批复可行性研究报告，2014 年 9 月 30 日，杭黄高铁全面开工建设。历经四年建设，杭黄高铁全体参建单位牢固树立高质量发展理念，围绕中国铁路总公司提出的铁路网规模和质量达到世界领先、铁路技术装备和创新能力达到世界领先、铁路运输安全和经营管理水平达到世界领先等“三个世界领先”和铁路企业体制机制改革创新水平进一步提升、铁路在综合交通运输体系中的地位和作用进一步提升、铁路服务国家战略和对经济社会发展的贡献进一步提升等“三个进一步提升”，不忘初心、牢记使命，砥砺奋进，全力争创绿化、四电、站房、轨道、生产生活用房和地方配套“六个新标杆”，为新时代铁路建设贡献杭黄智慧，为服务区域经济社会发展贡献杭黄力量。

杭黄高铁建设过程中体现出来的铁路文化还包括深刻贯彻“创新、协调、绿色、

图 5—44　千岛湖站杭黄铁路展览馆

开放、共享”五大新发展理念，以工程质量为核心，以创造精品为己任，全力打造美丽杭黄、生态高铁。贯彻了创新发展理念，通过技术创新，研究智能巡检新方法，探索站区市政配套、站城融合、文化契合、功能复合新举措，在新时代实现新领航，开创新征程。贯彻了协调发展理念，把站房、生产生活用房建筑风格与自然、地域环境相融合、相契合，工务、电务、供电生产生活实现三位一体，为铁路员工打造了美丽家园。加强与地方协调沟通，协助建设单位妥善解决征迁、铁路周边环境整治等民生问题，实现了铁路与地方友好合作、共进共赢。贯彻了绿色发展理念，深入践行绿水青山就是金山银山理念，呵护好一山一水、一村一户、一草一木，全力把杭黄高铁打造成与自然环境相协调的绿色景观长廊，实现了“一洞一景”“一处一景”“一站一景”。贯彻了开放发展理念，压减商业开发面积，增加候车休闲场所，把最大空间留给旅客，营造开放的乘降环境，打破高铁车站站区生产生活设施封闭的传统模式，透亮透绿、亲近自然、贴近民众。贯彻了共享发展理念，在站房文化传承、历史底蕴、时代特征、区域特点、站区交通规划、商业开发等设计中充分考虑地方政府和人民群众对美好生活的需求和向往，实现共建共享。

旅客在千岛湖站杭黄铁路展览馆中观看一幅幅纪实图片，体会杭黄高铁建设的艰辛和成就，了解建设过程中每一个标志性事件，可以深切地感受到广大铁路工作者投身建设、不怕吃苦、认真钻研的工作态度，可以感受到我国铁路建设所取得的重大成就，可以感受到杭黄高铁所展现出来的璀璨耀眼的铁路文化。

二、再现铁路发展历程

与大部分铁路车站出站通道由众多广告所渲染的浓厚商业氛围不同，三阳站在出站通道打造了一个展现铁路发展历程的文化走廊（图 5–45），采用具有徽派特色的白墙，以徽州特色的砖雕为载体，以铁路机车的发展历史为题材，再现了高速铁路的发展历程。

图 5–45　三阳站铁路文化走廊

（一）蒸汽机车时代

1952 年 7 月，四方机车车辆厂制造出了中国第一台解放型蒸汽机车（图 5–46），解放 1 型 2121 号蒸汽机车的出厂在我国火车发展史上有着极其重要的地位，它改写了我国不能自行生产火车头的历史，新中国铁路开始蓬勃发展。四年后的 1956 年 9 月，大连工厂成功试制了中国第一种自己设计的干线货运机车——前进型蒸汽机车（图 5–47），各项技术指标均达到蒸汽机车的先进水平。

图 5–46　解放型蒸汽机车

图 5–47　前进型蒸汽机车

（二）内燃机车时代

随着技术的不断发展，中国铁路迎来了内燃机车时代。1958 年 9 月底，大连厂试制出了巨龙号干线客货运内燃机车（图 5–48），这也是中国第一台自己制造的内燃机车。一年后的 1959 年，青岛四方机车车辆厂试制成功了干线客运内燃机车，经过多次试验和改进后于 1965 年进行了整图和定型设计，于 1966 年定名为东方红 1 型内燃机车（图 5–49）并投入批量生产。1977 年，青岛四方机车车辆厂再一次推动了

图 5–48　巨龙号内燃机车

图 5–49　东方红 1 型内燃机车

内燃机车的发展，成功研制东方红 21 型内燃机车（图 5–50），成为中国铁路使用的米轨内燃机车车型之一。

图 5–50　东方红 21 型内燃机车

（三）电力机车时代

时代的车轮滚滚向前，铁路也在不断发展，来到了电力机车时代。韶山 1 型电力机车（SS_1）（图 5–51），是中国铁路的第一代有级调压、交—直流电传动国产客、货两用干线电力机车，其研制经验为以后中国电力机车的研制与发展奠定了坚实的基础。随后生产的韶山 7E 型电力机车（SS_{7E}）（图 5–52），是中国铁路使用的干线客运电力机车车型之一，满足中国铁路大提速的需要；DJJ2 型电力动车组，又称中华之星电力动车组（图 5–53），是中国自行设计，拥有自主知识产权的高速电力动车组。2002 年 11 月中华之星电动车组冲刺试验在中国第一条铁路快速客运专线秦沈客运专线创造了当时“中国铁路第一速”321.5 km/h。

图 5–51　韶山 1 型电力机车

图 5–52　韶山 7E 型电力机车

（四）高速动车时代

中国在铁路的发展中不断学习，不断创新，进入高速动车时代。国产 CRH 高速动车组列车于 2007 年 1 月 28 日从铁路上海站和上海南站始发，这意味着中国铁路以此为起点，进入了全新的高速列车时代。和谐号电

图 5–53　中华之星电动车组

力动车组（China Railway High-speed Train），是2004年中国引进德国、日本等国的高速动车组技术，在消化吸收再创新的基础上，联合设计生产的高速动车组系列的总称。和谐号电力动车组是我国铁路全面实施自主创新战略取得的重大成果，标志着我国铁路客运装备的技术水平达到了世界先进水平，中国也由此成为世界上少数几个能够自主研制时速380 km动车组的国家。图5—54、图5—55为和谐号动车组家族的CRH1A型和CRH3A型。2017年开通的复兴号动车组列车，英文代号为CR（China Rejuvenation）（图5—56），是中国标准动车组的中文命名，是由中国铁路总公司牵头组织研制、具有完全自主知识产权、达到世界先进水平的动车组列车，其中，由CR400系列担当的部分车次是世界上商业运营速度最高的动车组列车，中国高速动车组的发展真正走在了世界前列。

图5—54 CRH1A型动车组

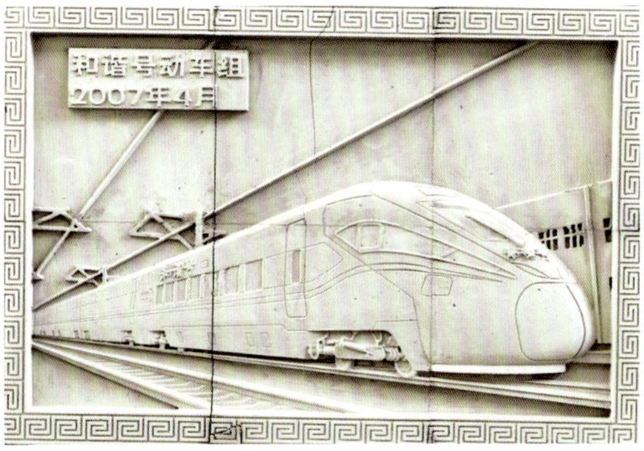

图5—55 CRH3A型动车组

图5—56 复兴号动车组

铁路文化有深厚的历史积淀，在铁路发展的过程中形成了与时俱进的铁路精神。铁路文化与铁路精神引领一代又一代铁路人肩负起社会责任，具有极强的凝聚力，为铁路的发展注入了文化内涵。将墙雕这一细部设计作为铁路文化的宣传形式之一，使得旅客们可以看到我国铁路发展历史上各个时期具有代表性的机车，了解我国铁路发展的历程，体会铁路文化在推动我国铁路发展中发挥的积极作用，同时感受伴随铁路发展始终的文化气息。

第六章 总结与展望

一、杭黄匠心聚经验

在中国国家铁路集团有限公司（原中国铁路总公司，以下简称国铁集团）建设铁路车站精品工程理念的指引下，杭黄铁路有限公司、沿线地方政府、设计单位、施工单位等各方齐心协力，打造了杭黄高铁站房精品工程。在我国高铁建设快速发展的关键时期，杭黄高铁勇担历史使命，探索“畅通融合、绿色温馨、经济艺术、智能便捷”的现代化铁路车站建设新理念，引领“精心、精细、精致、精品”的建设要求，铸造了站房标杆，取得了很大的成就，收获了大量宝贵的经验，可以总结如下。

（一）各方通力合作，铸造高品质黄金旅游高铁

国铁集团积极做好行业指导，建设单位杭黄铁路有限公司充分发挥主体责任，做好前期工作和车站建设组织工作，积极与行业主管部门和地方政府有关部门沟通协调，合理确定站房规模，组织开展深化设计。沿线各地方政府树立大局意识，积极协调解决铁路建设中存在的问题，使铁路建设推进科学有序进行。设计单位奋勇担当，攻坚克难，贯彻精品车站理念，认真听取地方政府意见和诉求，在车站布局、建筑结构、外部造型、内部装修装饰、站场景观设计等方面开展创新设计、协同设计、精致性设计。施工单位精心组织、精细施工、系统策划，全面实现设计意图，在质量、功能、美观等方面做好细节管控，通过严格管理和智慧建造铸就站房精品。杭黄高铁相关各方通力合作，使杭黄高铁车站工程能够按期保质保量完工，一条高品质黄金旅游高铁线展开了中国高铁建设新篇章。

（二）勇担历史使命，开拓铁路车站建设新理念

杭黄高铁建设正值我国大规模铁路建设深入推进的关键阶段，急需探索铁路车站建设新理念和新标准。杭黄高铁勇担历史使命，成为开拓铁路车站建设新理念、贯彻落实“新时代、新要求、新标准”的首条高铁。杭黄高铁车站选址与所在城市发展规划密切相关，车站类型、场站设置、规模控制与城市的发展定位相适应，实现了与各种交通方式无缝换乘、与城市道路主骨架有机协调，实现了站城融合。设计中突出绿色设计，注重尊重自然、顺应自然、保护自然、融入自然，落实安全、健康、适用并对生态系统扰动最小的可持续设计。同时站房设计紧扣新时期铁路车站建设要求，以

人为本、精心设计，以塑造宜人的空间为设计出发点，体现人文关怀，实现艺术性、实用性的有机结合。杭黄高铁进一步提高铁路车站建筑的文化内涵和艺术表现力，将中国传统文化、地域文化、铁路文化融入车站建筑设计，体现出民族精神、时代特征。杭黄高铁车站配置票务系统、旅客服务系统、办公管理信息系统、车站公安管理信息系统、电源与环境监控系统等，为旅客出行提供便捷的服务，为车站管理提供高效的方式，充分体现出杭黄高铁的智能化。杭黄高铁车站设计中率先引领了“畅通融合、绿色温馨、经济艺术、智能便捷”的新理念，是铁路车站建设新理念的先行者。

（三）大胆创新实践，引领精品车站建设新标杆

按照国铁集团精品车站建设理念，杭黄高铁车站建设树立精品工程目标，关注文化内涵的体现，把铁路车站打造成融合自然环境、地域文化、铁路特色和时代特征的标志性精品工程，在建筑选材、工艺工法、细部设计、设备智能、功能流线、系统集成等方面精心设计。创新建设管理方式方法，加强专业化和信息化管理，加强技术管理，强化过程控制，加大与地方政府的沟通、协调，确保市政配套设施与车站同步建成投入使用。施工方发扬工匠精神，把精致要求贯穿施工全过程，使每项工程、每道工序都体现出匠心，确保施工质量，把每个细节做到极致，完美实现设计意图，实现文化性、艺术性、实用性的有机结合。杭黄高铁全面落实了精品工程建设，勇于创新，铸造了精品车站建设的新标杆，对未来车站的建设起到引领的作用。

二、杭黄匠心向未来

顺应新时代中国社会发展特点和铁路运营管理需求，2019 年 4 月，中国铁路总公司在全路工作会议上提出了“畅通融合、绿色温馨、经济艺术、智能便捷”16 字铁路车站建设理念，2020 年 8 月，国铁集团结合铁路实际，编制形成《新时代交通强国铁路先行规划纲要》，规划提出到 2035 年，将率先建成服务安全优质、保障坚强有力、实力国际领先的现代化铁路强国。展望未来，铁路行业要积极响应中央号召，牢牢把握高铁车站竭诚服务旅客的根本宗旨，坚持精品目标、精心设计、精细管理、精致施工，努力打造新时代铁路车站精品工程，满足旅客对美好出行的新需求，提升旅客的获得感和幸福感。

（一）提高智能水平，打造智慧铁路

在“交通强国”战略指导下，智能技术已在高铁设计、制造和运维等方面得到了广泛应用，2019 年 12 月 30 日，京张高铁智能动车组投入运营，被媒体评价为“标志着中国高铁正式迈入智能化时代”。京张高铁实现了智能建造、智能装备和智能运营，开启了世界智能铁路的先河。

目前，以投资方为代表的高铁工程项目核心人员对“智慧城市”和“智慧交通”的理念认识尚浅，导致高铁枢纽尚缺失“智慧化”顶层规划设计。因此，未来新建高铁枢纽应融入“智慧城市”理念，集成城市大数据、卫星通信技术、云计算和物联网、BIM 和人工智能等新一代信息技术，进一步攻克智能建造、智能装备、智能运营等关键技术，构建“规划—设计—建设—运营—管理”一体化的精明管控架构体系，通过智慧化建设，提升智慧化运营管理效率，全力打造“智慧车站”和“智慧高速列车”，实现高铁枢纽建成后百年的可持续发展。

智慧车站以满足旅客出行需求为核心，运用先进信息技术，优化整合服务资源，通过人网互动，为旅客提供无感安检、智能引导和无障碍出行服务，实现车站智慧式管理和运行。例如，结合人脸识别技术，应用信息互联、自动清算和旅客征信系统，各种交通方式安全区域的互通互认将成为可能，最终实现一卡通行的付费区零手续换乘；运用城市大数据，可以提前预判客流，通过智能引导人流车流，保证车站秩序和运行效率。

信息的灵通使得高速列车变得“耳聪目明”，智能技术的应用使得高速列车“头脑聪慧”。试想一下，未来的“智慧高速列车”可能是这样的：旅客上车后，列车能自动扫描旅客出行信息，列车玻璃车窗上装有 OLED 显示屏，旅客手指点击车窗，就能通过屏幕观看视频、浏览新闻，享受网购、约车等服务项目，车厢里增加办公室、会议室等空间，使得旅客的旅行体验更加轻松愉悦。

（二）聚焦绿色发展，助推“双碳”目标

2021 年 3 月 15 日，中央财经委员会第九次会议强调把碳达峰、碳中和纳入生态文明建设整体布局，党中央提出 2030 年前实现碳达峰、2060 年前实现碳中和的目标。

良好的生态环境是一切发展的基础，铁路作为国家重要的交通基础设施，在实现“双碳”目标的过程中应担当不可替代的角色。近年来，中国高铁凭借其节能环保、

绿色低碳、高效便捷等优点，成为大众绿色出行的首选。铁路部门在智能高铁建设基础上加大低碳技术的应用，降低车站采光通风所需能耗，优化铁路 12306 购票软件，深入开展无纸化办公，全国推行电子客票服务，减少纸质车票消耗。铁路建设过程中也越来越注重铁路周边用地的绿化建设，努力发挥行业优势，加快绿色生态长廊建设，在铁路沿线两侧筑起一道绿色屏障。

交通强国、铁路先行，铁路部门作为交通行业“头雁”，在实现“双碳”目标的过程中要勇当“先行兵”，一以贯之坚持绿色发展理念，抓住发展生态化绿色铁路的重要机遇，保护蓝天白云、守护绿水青山，在“碳达峰、碳中和”大考中交出满意答卷。一是要继续加大科技攻关力度，寻求与国际先进技术合作，推动绿色低碳技术实现重大突破；二是要继续强化生态环保设计，最大限度降低高铁建设对沿线生态环境的影响，做好生态保护修复，提升生态系统碳汇能力；三是要始终将绿色环保贯穿到施工过程中，以技术作保障，着力创造绿色工程、精品工程；四是要全力营造绿色低碳出行新风尚，为旅客提供低碳服务、传递低碳理念；五是要加强国际交流合作，积极投入海外铁路事业，推进绿色丝绸之路建设。

参考文献

[1] 刘文学，蒲爱洁．铁路简史 [M]. 北京：中国经济出版社，2020.

[2] 郑健，贾坚，魏崴．高速铁路车站 [M]. 上海：上海科学技术文献出版社，2019.

[3] 王晶．高铁客运枢纽接驳规划与设计 [M]. 北京：中国建筑工业出版社，2016.

[4] 卢春房．站场工程 [M]. 北京：中国铁道出版社，2015.

[5] 武旭峰，余治淮．西递・宏村 [M]. 2 版．广州： 岭南美术出版社，2010.

[6] 董晓晶，张复合．中国近代铁路客运站房建筑发展概略 [C]// 清华大学．'98 中国近代建筑史国际研讨会．太原：太原市城市规划设计研究院，1998：12-18.

[7] 王志全．高速铁路与人文进步 [J]. 中国铁路，2016（5）：64-66.

[8] 刘金祥．古代徽商的“贾而好儒”[N]. 学习时报，2021-04-02（71）[2021-08-10].

[9] 李中．高速铁路与产业结构升级的关系研究 [J]. 铁道运输与经济，2018，40（10）：38-44.

[10] 武佳琪，张跃胜，陈一鸣．中国铁路技术进步对产业结构的影响 [J]. 管理学刊，2019，32（1）：34-42.

[11] 李卫东，黄霞，贾洛．高速铁路技术创新对推动我国产业结构转型升级的影响 [J]. 铁道经济研究，2019（3）：1-5.

[12] 陆军．铁路对近代中国社会文化的影响 [J]. 宜宾学院学报，2012，12（8）：88-91.

[13] 李国平，刘广武．铁路文化的内涵浅析 [J]. 中国铁路，2008（7）：57-59.

[14] 陈宏运．铁路文化的内涵与特征 [J]. 理论学习与探索，2012（2）：44-45.

[15] 袁培煌．现代铁路旅客站设计中的地域文化特色表达 [J]. 铁道经济研究，2007（6）：31-33.

[16] 葛玉红．铁路与近代中国的社会文化变迁 [J]. 辽宁大学学报（哲学社会科学版），2013，41（4）：134-138.

[17] 崔华伟，贾俊芳．铁路客运综合交通枢纽流线特点及组织研究 [J]. 铁道运输与经济，

2007，29（5）：26-29.

[18] 魏崴，谢立伟，张少森．大型铁路客运站旅客候车区公共空间形态综合设计研究[C] //中国交通运输协会，铁道部.2010 铁路车站建设管理研讨会．西安，2010：290-296.

[19] 徐利民．铁路大型客运站候乘设施综合设计[J]. 铁道运输与经济，2013，35（9）：29-32.

[20] 张丙辰，王艳群．铁路客车内装设计的人性化研究[J]. 工程图学学报，2009，30（3）：161-167.

[21] 李煜．浅析新时期铁路客运站站内公共设施的人性化设计[J]. 华章，2014（27）：373-374.

[22] 徐坤．火车站人性化设计的表现及未来趋势探讨[J]. 科技创新导报，2017，14（19）：70，72.

[23] 刘子建．我国高速铁路客运站人性化设计研究[D]. 长沙：中南大学，2010.

[24] 朱晓群．浅谈铁路人性化设计[J]. 城市建设（下旬），2011（3）：359.

[25] 张帆．高速铁路与中国区域经济发展研究[D]. 重庆：重庆大学，2019.

[26] 张德强．烟锁雾迷西溪湿地：令人迷醉的人间天堂[J]. 决策探索（上），2020（5）：92-95.

[27] 桂子明．大明山　赏绝胜风光[J]. 中国地名，2013（8）：52-53.

[28] 唐文卿，蒋祖云．新安江上观风景[J]. 浙江林业，1999（6）：34-35.

[29] 钱旭中．千岛湖：新安江的明珠[J]. 水利天地，1991（3）：37.

[30] 杨晓姗．高速铁路车站选址与城市发展协同关系研究[D]. 成都：西南交通大学，2018.

[31] 穆子龙．高铁站点与城市发展关系研究：以京沪高铁为例[D]. 北京：北京交通大学，2020.

[32] 孟娇蓉，于敬，刘宇楠．欧洲景观列车启发下的高速铁路车站前区设计新思路：以杭黄高速铁路千岛湖站为例[C]// 中国城市规划学会，南京市政府．转型与重构：2011中国城市规划年会论文集．南京，2011：10.

[33] 熊义林．当代我国铁路车站建筑设计的地域性策略研究[D]. 成都：西南交通大学，2009.

[34] 王鸿洋，杨明虎．车站建筑功能布局设计研究[J]. 城市建设理论研究（电子版），2015（4）：2763-2764.

[35] 刘凤梧．铁路车站功能布局设计刍议 [J]. 山西建筑，2009，35（6）：24-25.

[36] 孟然．铁路小型客站站房功能划分及布局的探讨 [J]. 铁路工程技术与经济，2017，32（2）：20-22.

[37] 郑洪．铁路运输发展与车站设计理念创新 [J]. 铁道建筑技术，2020（10）：54-57.

[38] 李耀博，马金宝．高速铁路车站布局研究 [J]. 中国铁路，2010（5）：15-17.

[39] 谭政红．铁路枢纽内客运站布局优化分析 [J]. 交通科技与经济，2011，13（6）：117-119.

[40] 杨鸣．铁路综合客运枢纽换乘流线分析与设计方法研究 [D]. 南京：东南大学，2019.

[41] 夏胜利．高铁客运枢纽交通流线设计理论与方法研究 [D]. 北京：北京交通大学，2016.

[42] 张佳丽．铁路交通枢纽综合体功能复合与空间形态设计研究 [D]. 北京：北京交通大学，2013.

[43] 张莉．铁路客运枢纽站前广场发展趋势 [J]. 山西建筑，2011，37（16）：28-30.

[44] 高旋．高速铁路车站建筑设计研究 [D]. 哈尔滨：哈尔滨工业大学，2011.

[45] 郭瑞霞．地域文化在铁路车站内部空间的细部体现 [J]. 铁道勘察，2020，46（3）：78-83.

[46] 石海波．整体的完善：建筑细部设计谈 [J]. 工业建筑，2006，36（3）：18-22.

[47] 李合生．建筑细部设计研究 [J]. 山西建筑，2009，35（33）：35-36.

[48] 汪文璟．徽州，那古城 [J]. 北方文学，2019（11）：150.

[49] 寇可可．中小旅游城市高速铁路车站站前区景观设计研究：以杭黄铁路沿线高铁站站前区景观设计为例 [D]. 成都：西南交通大学，2019.

[50] 龚雯．基于地域特色的现代交通枢纽建筑系统性设计 [J]. 铁道建筑技术，2019（3）：40-44.

[51] 浙江省城乡规则设计院，富阳市人民政府．富阳市市域总体规划 2007—2020[Z].2012.

[52] 建德市域总体规划 2007—2020[Z].2007.

[53] 淳安县规划局．淳安县域总体规划 2006—2020[Z].2009.

[54] 淳安县住房和城乡建设局．淳安县域总体规划 2015—2030[Z].2016.

[55] 杭州市人民政府．桐庐县域总体规划 2006—2020[Z].2012.

[56] 意格设计．杭黄铁路桐庐站站前广场景观设计 [A/OL]. http：//www.archina.com/index.php? g=works&m=index&a=show&id=3709.html.

[57] 中央广播电视总台，中国国家铁路集团有限公司．坐着高铁看中国 [Z]. 2020.